KARL ■ MÜLLER

BAYERN – BURGEN UND SCHL

Text
Paola Calore

Redaktion
Ombretta Finotello

Grafische Gestaltung
Patrizia Balocco Lovisetti

Layout
Anna Galliani

1 *Dieses Bild zeigt den Ausschnitt eines Freskos an den Wänden des Sängersaales auf Schloss Neuschwanstein. Der Pfau war eines der Lieblingsmotive Ludwigs II. Die sinnbildliche Bedeutung könnte sein, dass der Pfau trotz seiner wunderschönen Erscheinung nicht die Flügel heben und davonfliegen kann. Er muss bleiben, ebenso wie der König, gefangen in der Wirklichkeit, der realen Welt.*

2 und 7 *Schloss Johannisburg ist eines der bedeutendsten Bauwerke der deutschen Renaissance und ein gelunges Beispiel für die in der Neuzeit typische Architektur staatlicher Schlösser.*

3–6 *Der letzte große Traum Ludwigs II. von Bayern war Schloss Herrenchiemsee. Hunderte von Kerzen wurden zur Beleuchtung des Schlosses angezündet, wenn der König anwesend war. Er liebte es, im Schloss umherzuwandern und sein Spiegelbild im mystisch flackernden Kerzenlicht zu bewundern.*

Via C. Sassone 22/24
13100 Vercelli, Italien

2003 Herausgegeben in Deutschland von
Verlag Karl Müller GmbH
www.karl-mueller-verlag.de

ISBN 3-89893-074-2

Gedruckt in Italien

KARL ■ MÜLLER

BAYERN – BURGEN UND SCHLÖSSER

Text
Paola Calore

Redaktion
Ombretta Finotello

Grafische Gestaltung
Patrizia Balocco Lovisetti

Layout
Anna Galliani

1 Dieses Bild zeigt den Ausschnitt eines Freskos an den Wänden des Sängersaales auf Schloss Neuschwanstein. Der Pfau war eines der Lieblingsmotive Ludwigs II. Die sinnbildliche Bedeutung könnte sein, dass der Pfau trotz seiner wunderschönen Erscheinung nicht die Flügel heben und davonfliegen kann. Er muss bleiben, ebenso wie der König, gefangen in der Wirklichkeit, der realen Welt.

2 und 7 *Schloss Johannisburg ist eines der bedeutendsten Bauwerke der deutschen Renaissance und ein gelungenes Beispiel für die in der Neuzeit typische Architektur staatlicher Schlösser.*

3–6 *Der letzte große Traum Ludwigs II. von Bayern war Schloss Herrenchiemsee. Hunderte von Kerzen wurden zur Beleuchtung des Schlosses angezündet, wenn der König anwesend war. Er liebte es, im Schloss umherzuwandern und sein Spiegelbild im mystisch flackernden Kerzenlicht zu bewundern.*

Via C. Sassone 22/24
13100 Vercelli, Italien

2003 Herausgegeben in Deutschland von
Verlag Karl Müller GmbH
www.karl-mueller-verlag.de

ISBN 3-89893-074-2

Gedruckt in Italien

INHALT

EINLEITUNG	SEITE	8
LUDWIG II. – DER MÄRCHENKÖNIG UND SEIN TRAUM	SEITE	18
GROSSARTIGE RESIDENZEN FÜR BAYERNS ADEL	SEITE	64
WEHRHAFTE BURGEN – DIE STÄRKEN DES MITTELALTERS	SEITE	110
REGISTER	SEITE	134

EINLEITUNG

Bayerns Sonderstellung innerhalb der Bundesrepublik Deutschland dokumentiert sich bereits in dem Titel, mit dem das größte und älteste der 16 deutschen Bundesländer in amtlichen Dokumenten seine Grenzen erklärt und offiziell zeichnet: Freistaat Bayern. In ganz Deutschland ist niemand so stolz auf seine Einzigartigkeit und Unabhängigkeit wie die Bayern – ein romantisches und zugleich kämpferisches Volk, das die Geschichte Europas über Jahrhunderte hinweg geprägt hat. Häufig gewichten die Bayern ihre Loyalität in folgender Reihenfolge: „Zuerst kommt Bayern, dann Europa und dann Deutschland." Und tatsächlich haben sie allen Grund auf ihr Land stolz zu sein.

Wie viel Liebe die Bayern schon von jeher für ihr Heimatland empfanden, lässt sich an dem großen Respekt ablesen, den sie seinen Landschaften traditionellerweise erweisen. Alle Bauten von Menschenhand – ob große Städte oder ländliche Dörfer, ob beeindruckende Burgen oder prächtige Residenzen, ob kleine Dorfkirchen oder prachtvolle Klöster – sind harmonisch in das Landschaftsbild Bayerns eingepasst, wie Juwelen in eine wertvolle Fassung. Den natürlichen Rahmen dieser „Fassung" bildet eine facettenreiche Landschaft aus imposanten Bergen mit smaragdgrünen Bergseen, tiefen Wäldern, in denen sich Bäche malerisch dahinschlängeln, und sanften Hügeln, die von großen, kristallklaren Seen unterbrochen werden.

Bayern liegt im Herzen Europas und seine lange Geschichte lässt sich an der Architektur seiner Denkmäler zurückverfolgen. Sie spiegeln die Einflüsse fremder Völker, mehrerer Kriegs- und auch Blütezeiten wider. Kelten, Römer, Franzosen und Österreicher – alle waren sie einmal an der Reihe und herrschten über dieses Gebiet, das seinen Namen von den Bajuwaren, einem germanischen Volksstamm, der sich dort ansiedelte, erhielt. Jedes Volk hinterließ seine Spuren in der Landschaft, dem Kulturgut und auch der Küche Bayerns, aber es waren vor allem zwei Hauptereignisse in der langen und verworrenen Geschichte Bayerns, die das moderne Erscheinungsbild entscheidend prägten: der Dreißigjährige Krieg und der Zweite Weltkrieg. Die Bigotterie und Verfolgung der Katholiken und Protestanten während der Reformation führten schließlich im Dreißigjährigen Krieg zu den verheerendsten Schlachten, die Europa jemals erlebt hatte. In den Strudel dieser sinnlosen Gewalt wurden auch Frankreich, Spanien, Dänemark und

__8 oben__ Aus den barocken Parterregärten führt die hufeisenförmige Treppe zum Eingang von Schloss Linderhof, dem zauberhaften Zufluchtsort Ludwigs II. im Graswangtal.

__8 unten__ Der Atlas mit der Weltkugel beherrscht das Tympanon der Hauptfassade von Schloss Linderhof. Darunter erscheint das von zwei Genien gehaltene Wappen des Bayerischen Königreichs im Giebelfeld.

__8–9__ Ludwig II. begann den Bau von Schloss Neuschwanstein 1868 in einer der schönsten Gegenden des Allgäu mit der Absicht, die Burg der Ritter des Heiligen Grals zu erschaffen.

9 oben Im Schlosspark von Herrenchiemsee lassen Fontänen, geometrisch angeordnete Hecken und Statuen, die Jagdszenen und mythologische Gottheiten darstellen, die Hofgarten-Atmosphäre zu Zeiten des Sonnenkönigs zu neuem Leben erwachen.

10 oben links *An einer scheinbar unmöglichen Stelle erbaut, wacht Burg Prunn über den sanften Lauf der Altmühl.*

10 Mitte links *Als die befestigten Verteidigungsanlagen den moderneren Kriegstechniken nicht mehr gewachsen waren und Europa vom neuen Geist der Renaissance erfasst wurde, verließ selbst Bayerns Adel seine rauen, unbequemen Burgen, um prächtige neue Schlösser und Residenzen zu bauen. Dieses Bild zeigt Schloss Nymphenburg, die Sommerresidenz der Wittelsbacher.*

10 unten links *Die Würzburger Residenz – mit ihrer Vorliebe für Architektur und die schönen Künste trugen die Fürstbischöfe aus dem Adelsgeschlecht der von Schönborns zur Verschönerung zahlreicher bayerischer Städte, darunter auch Neuburg, Bamberg und Würzburg, bei.*

10 oben rechts *Eingebettet in ein malerisches Landschaftsbild und umgeben von Wasser liegt das Wasserschloss Mespelbrunn – ein gutes Beispiel für den Wandel einer befestigten Anlage in ein schönes Residenzschloss.*

Schweden hineingezogen. Nach dem Krieg brauchte Deutschland 40 Jahre, um sich von den sozialen und wirtschaftlichen Schäden (fast ein Drittel der Bevölkerung war im Krieg gestorben) zu erholen. In Bayern begannen die Wittelsbacher, deren Name sich wie ein roter Faden durch die bayerische Geschichte zieht, mit der schweren Aufgabe ihr Land wieder aufzubauen.

Aufgrund des langen Krieges, der Schwierigkeiten in Handel und Verständigung sowie der noch längeren Phase des Wiederaufbaus, vollzog sich in ganz Deutschland ein direkter Wandel von der Gotik zum Barock. Die Renaissance wurde fast vollständig übersprungen, von ihr sind im ganzen Land nur wenige Spuren zu finden. Der neue Stil stammte aus Italien und wirkte so überschwänglich, verschnörkelt und lustbetont, dass er den perfekten Gegenpol zum nüchternen Protestantismus und den Scheußlichkeiten der vergangenen Zusammenstöße bildete.

Neu erworbener wirtschaftlicher Wohlstand machte es möglich, dass die besten Künstler jener Zeit engagiert werden konnten, um die Städte, Schlösser und Kirchen wieder aufzubauen und im neuen Stil zu restaurieren. Dabei wurde auch der regionale Kunstgeschmack berücksichtigt und es entstand der bayerische Barock. Unglücklicherweise wurde im Übereifer fast alles, was den Krieg überstanden hatte, im Barockstil überarbeitet, sodass es heute selbst bei den noch zahlreich vorhandenen romanischen und gotischen Bauten fast unmöglich ist, ein Interieur im Originalstil zu finden.

Der Zweite Weltkrieg schließlich hinterließ in Bayern, das zu den deutschen Gebieten mit dem größten Bestand an Kunstschätzen zählte, eine unauslöschliche Narbe. Trotzdem kann es uns auch heute noch mit seinen einzigartigen und vielseitigen Naturschönheiten und historischen Monumenten in Erstaunen versetzen.

In diesem Buch wollen wir Ihnen Bayern anhand der Geschichte und den Bildern seiner Burgen und Schlösser vorstellen. Für einzelne Gebiete und Städte markieren diese Bauten gleichzeitig zweierlei, nämlich Ausgangs- und Endpunkt eines geschichtlichen Abschnitts.

Es gibt hunderte von Ruinen, Burgen, Befestigungsanlagen und königliche Residenzen, die überall in der idyllischen Landschaft als Zeitzeugen bayerischer Geschichte auftauchen. Sie dokumentieren den bayerischen Wunsch nach Unabhängigkeit und Freiheit, den Stolz und das Wissen um die eigenen Fähigkeiten. Es war schwierig nur einige dieser Burgen auszuwählen, denn sie haben alle ihren besonderen Charme, eine einzigartige Bauweise, Innenausstattung oder Lage, die es rechtfertigen würde, sie ausführlich vorzustellen. Wir haben uns für drei Kapitel entschieden, in denen wir die Bauwerke unter historischen und architektonischen Aspekten zusammenfassen.

Den Schlössern Ludwigs II. haben wir ein eigenes Kapitel gewidmet, denn sie sind keine typischen Vertreter der Geschichte und Bauweise ihrer Zeit, sondern zählen eher zu einer Art „Traumzeit". Die beiden anderen Kapitel beschreiben herrliche Residenzen und wehrhafte Burgen.

10–11 *Die Burg von Burghausen ist mit über einem Kilometer Länge die längste Burg Deutschlands. Über mehrere Jahrhunderte war diese Festung uneinnehmbar und wachte über die niederbayerische Grenze.*

11 oben *Eine wichtige Rolle sowohl in der bayerischen als auch in der deutschen Geschichte spielte die Burg von Nürnberg. Deshalb ist sie historisch und baugeschichtlich eine der bedeutendsten Burgen Europas.*

Schloss Neuschwanstein

Schloss Herrenchiemsee

Schloss Schleißheim

Schloss Nymphenburg

14–15 Im Märchenschloss Neuschwanstein führt eine Marmortreppe zur vergoldeten Apsis des Thronsaales. Darstellungen von Christus als höchstem Gesetzgeber, sechs heilig gesprochenen Königen und den zwölf Aposteln (an den Seiten der Treppe) schmücken die Thronnische.

16–17 Die Kaiserburg, eine der schönsten und beeindruckendsten Burgen Deutschlands, wurde im Verlauf der Jahrhunderte baulich oft verändert. Der mächtige Sinwellturm ist schon weiter Ferne zu erkennen.

Schloss Harburg

Burg Prunn

SPIRITUS
MIR
S. STE
PHANUS
S. HEN
RICUS
S. LUDO
VICUS
S. FERDI
NANDUS

LUDWIG II. – DER MÄRCHENKÖNIG UND SEIN TRAUM

Zu den prächtigsten und berühmtesten Schlössern der Welt zählen sicherlich die von König Ludwig II. In der Architektur ihrer Zeit finden sich keine Parallelen zu diesen erstaunlich exzentrischen Bauten; sie sind das Ergebnis der Träume und Phantasie eines Königs, der von seinen Untertanen liebevoll „der Märchenkönig“ genannt und von seinen Ministern schlicht als verrückt erachtet wurde.

Um die Schlösser zu begreifen, muss man einen Blick auf das Leben Ludwigs II. werfen. Schon in jungen Jahren erbte er die schwere Last eines Königsthrones, den zuvor zwei starke politische Persönlichkeiten innehatten: sein Großvater, Ludwig I., und sein Vater, Maximilian II. Diese beiden hatten es geschafft aus München das europäische Zentrum für Kunst und Kultur zu machen. Ludwig II. wurde am 25. August 1845 auf Schloss Nymphenburg in München geboren und verbrachte seine einsame Jugendzeit auf Schloss Hohenschwangau. Seine Mutter, Königin Marie, erwähnte in ihrem Tagebuch bereits, dass das Kind Kunstgegenstände sehr zu schätzen wusste, gerne Kirchen und Burgen aus hölzernen Bausteinen baute und sich mit Freude verkleidete. Sein angeborenes Wesen und seine Erziehung ließen ihn zum Träumer werden.

Als Ludwig heranwuchs war er mehr und mehr angetan vom Sonnenkönig und der Pracht von Versailles. Die Vorstellungen seines Vaters von einer konstitutionellen Monarchie standen in krassem Gegensatz zu Ludwigs Visionen von uneingeschränkter Macht und seiner tief verwurzelten Leidenschaft für die Bourbonen. Eine weitere Passion, die zu ständigen Konflikten mit seinen Ministern führte, war die Begeisterung Ludwigs für die Musik von Richard Wagner. Diese galt in jener Zeit noch als ohrenbetäubendes Durcheinander disharmonischer Klänge und wurde sogar als gefährlich betrachtet. Doch kaum dass Ludwig II. den Thron bestiegen hatte, begann er mit der Suche nach seinem Helden, denn Wagner war, um seiner Schuldenlast zu entkommen, untergetaucht und hatte seine Arbeiten unvollendet zurückgelassen. Dank der Unterstützung des Königs und seiner enormen finanziellen Hilfen konnte Wagner die Werke vollenden und mit seiner Musik internationalen Ruhm erlangen. Die Bewunderung und Liebe des jungen Wittelsbacher für den Maestro war fast grenzenlos, doch im Gegensatz zu seinem Großvater, der die Liebe von Lola Montez dem Thron vorgezogen hatte, besaß Ludwig nicht die nötige Stärke, sich gegen die Anordnungen seines Kabinetts durchzusetzen. Dieses nämlich zeigte sich besorgt über den „verwirrenden“ Einfluss von Wagners Musik und Person auf den König und verbannte den Künstler vom Hof. Die enge Zuneigung, die den großartigen Komponisten und den ruhelosen König verband, zeigt sich in dem Briefwechsel der beiden. Durch ihren Überschwang und ihre Leidenschaft zählen diese Briefe nicht nur zu den enthüllendsten Dokumenten dieser Epoche, sie sind gleichzeitig auch die Porträts zweier einzigartiger Persönlichkeiten mit schöpferischer Kraft. Die große Enttäuschung über die erzwungene Trennung und der ständige Widerstand gegen Ludwigs ohnehin seltenen politischen Ent-

18 oben links *Dieses Porträt des älteren Richard Wagners wurde von Franz von Lenbach gemalt. Das Gemälde hängt auf Schloss Herrenchiemsee, obwohl Ludwig tatsächlich Schloss Neuschwanstein dem Komponisten als Weihestätte gewidmet hatte.*

18 unten links *Der junge König Ludwig II. von Bayern erschien der Bevölkerung als das Idealbild eines Königs. Groß, schlank, sehr attraktiv, mit elegantem Stil und Auftreten konnte er dank seines liebenswerten Wesens jeden Untertan, der das Glück hatte ihm zu begegnen, für sich gewinnen.*

18 rechts *Maximilian II. baute Schloss Hohenschwangau im Stil der Romantik neu auf. Diese Sommerresidenz beeinflusste auch die historisch geprägte Romantik, die Ludwig II. dazu trieb, seine phantasievollen Schlösser zu bauen.*

19 *Dieses Gemälde von Franz X. Thallmaier hängt auf Schloss Herrenchiemsee und zeigt Ludwig II. König von Bayern umgeben vom Herrschergeschlecht der Wittelsbacher.*

KARL THEODOR
MAXIMILIAN JOSEPH III.
MAXIMILIAN JOSEPH I.
KARL ALBRECHT
ALBRECHT V.
WILHELM V.
MAXIMILIAN I.
WILHELM IV.
ALBRECHT IV.
ALBRECHT
ERNST I.
LUDWIG I.
MAXIMILIAN II.
LUDWIG I.
OTTO II.
LUDWIG II.
OTTO DER GROSSE
LUDWIG d. BAYER
STEPHAN II.

20 links *Das östliche Gobelinzimmer auf Schloss Linderhof hat ein fast identisches Gegenstück: das hier abgebildete westliche Gobelinzimmer, auch Musikzimmer genannt. Ein prächtiger lebensgroßer Pfau aus Sèvres-Porzellan gehört zu seinen Besonderheiten. Der Pfau war einer der Lieblingsvögel Ludwigs.*

20 rechts *Das Schloss Herrenchiemsee liegt auf einer Insel im Chiemsee nahe München. Es ist eines der prunkvollsten Kunstwerke der Welt und die Pracht seiner Innenausstattung übertrifft sogar die von Versailles, dem großen Vorbild.*

scheidungen führten schließlich dazu, dass er sich immer weiter aus der Politik zurückzog und in seiner Traumwelt verlor. Nachdem er keine Regentschaft mit absoluter Macht wiederherstellen konnte, wollte er sich wenigstens selbst ein Denkmal setzen. Die Schlösser, die somit nach Ludwigs Vorstellungen und Entwürfen entstanden, sind das Ergebnis einer zügellosen Phantasie und eines so exzessiven und atemberaubenden Geschmacks, wie ihn sich nur die Könige früherer Tage leisten konnten. Dazu mischte sich der Zeitgeschmack – eine bunte Verknüpfung verschiedener Stile vergangener Epochen – sowie Ludwigs Leidenschaft für die deutsche Mythologie und das exotische Leben. Der König liebte es, sich wie seine legendären Helden zu verkleiden und zu einem nächtlichen Ausflug in seinem vergoldeten Schlitten aufzubrechen, begleitet von einer treu ergebenen berittenen Eskorte. Sein seltsames Verhalten und seine eigenwilligen Handlungen nahmen stetig zu und wurden immer wahnsinniger. Doch all dieses stachelte die Phantasie des Volkes nur an. Es liebte seine wahrhaft königlichen Ausbrüche und bewunderte ihn, wenn er – schlank und gutaussehend – plötzlich aus dem Nichts auftauchte und sein Mittagessen mit einem Holzfäller teilte oder mit einem Schäfer sachverständig über den Viehbestand diskutierte. Nichtsdestotrotz war er schüchtern und zurückhaltend und hasste offizielle Anlässe. Ludwig II. hatte nur wenige enge Freunde und die einzige Frau in seinem Leben war seine Cousine Elisabeth, die Kaiserin von Österreich, besser bekannt als Sissi. Zwischen ihnen bestand eine tiefe platonische Liebe, sie verstanden einander und konnten sich vertrauen. Auch Elisabeth war eine eigenwillige Persönlichkeit und ebenso wie der König eine große Ästhetin. Sie war besessen von ihrer eigenen Schönheit. Während Ludwig seinen Helm gewöhnlich unter dem Arm trug, um seine Locken nicht zu zerdrücken, achtete die österreichische Kaiserin zwanghaft auf ihr Gewicht und war deshalb ständig in Bewegung und auf Diät. Vermutlich um das Gerede über die Beziehung von Ludwig und Elisabeth zu unterbinden oder die gar noch heftigeren Gerüchte über seine Homosexualität aus der Welt zu schaffen, verlobte sich Ludwig mit Sissis Schwester Sophie. 15 Tage vor der Hochzeit jedoch löste er die Verlobung. Die aufwändig ausgestattete Brautkutsche für diesen Anlass war bereits vorbereitet und wird heute im Museum Nymphenburg zusammen mit Ludwigs zahlreichen anderen Kutschen ausgestellt. Tatsächlich waren es aber weder die Skandale noch das exzentrische Verhalten des Königs, das seine Minister

20–21 *Wie verzaubert erheben sich die weißen Türmchen von Schloss Neuschwanstein aus dem morgendlichen Nebel.*

21 oben *Schloss Linderhof mit seiner hellen, abgerundeten Fassade und den schneebedeckten barocken Parterregärten fügt sich als fast natürlicher Bestandteil in die Winterlandschaft ein.*

22–23 Das Jagdschloss Schachen, das von Ludwig II. in den Alpen nahe Garmisch-Partenkirchen errichtet wurde, ist tatsächlich eher eine einfache Berghütte. Nichtsdestotrotz verdient die schlichte Holzkonstruktion aufgrund ihrer Innenausstattung die Bezeichnung Schloss. Die üppige Inneneinrichtung, die deutlich von der Vorliebe des Königs für überreiche Verzierungen geprägt ist, steht im krassen Gegensatz zur schlichten Außenfassade. Um jedoch ein wenig von der vertrauten, gemütlichen Atmosphäre einer Berghütte zu erhalten, richtete der König einige Räume, z. B. das Arbeitszimmer (oben rechts), das Speisezimmer (Mitte rechts) und das Schlafzimmer (unten rechts) etwas einfacher ein.

schließlich dazu veranlasste ihn entmündigen zu lassen, Schuld daran waren vielmehr seine Schlösser. Um diese zu bauen und einzurichten hatte sich Ludwig verschuldet. Er hatte Darlehen über mehrere Millionen Mark bei der Bayerischen Bank aufgenommen und Linderhof und Herrenchiemsee wären beinahe in den Besitz seiner Gläubiger übergegangen. Dennoch war es unmöglich den König von dem abzubringen, was er als seine Mission ansah. Unter dem Vorwand, dass es bereits eine Veranlagung zum Wahnsinn auf der mütterlichen Seite der Familie gäbe (ihr Bruder Otto war Epileptiker), ließ das Kabinett den König von einer Gruppe von Psychiatern für geistesgestört erklären. Diese Diagnose wurde dann von einer berühmten Koryphäe der damaligen Zeit bestätigt, die den Patienten allerdings niemals persönlich untersucht hatte. Auf Schloss Berg am Starnberger See wurde Ludwig II. unter Hausarrest gesetzt. Am 13. Juli 1886 fand man ihn im Alter von 40 Jahren, übergewichtig und vollgepumpt mit Beruhigungsmitteln und Alkohol, zusammen mit seinem Arzt ertrunken am Ufer des Sees.

Es gibt mehrere Theorien über seinen Tod: Einige behaupten es war Selbstmord (doch warum hätte auch sein Arzt Selbstmord begehen sollen?) oder er sei bei einem Fluchtversuch ertrunken (aber er galt als ausgezeichneter Schwimmer). Andere glauben Ludwig II. wurde ermordet, weil er zu unbequem war. Was auch immer die richtige Erklärung sein mag, sein Tod war tragisch und sinnlos. Kaiserin Elisabeth, die vielleicht als einzige Person sein Wesen verstanden hatte, kommentierte Ludwigs Tod folgendermaßen: „Der König war nicht verrückt, er war lediglich ein Exzentriker, der in einer Traumwelt lebte. Sie hätten ihn einfühlsamer behandeln sollen ...“; Paul Verlaine nannte ihn den „einzig wahren König unseres Jahrhunderts.“ Die Früchte seiner romantischen Phantasien, die Schlösser Neuschwanstein, Herrenchiemsee und Linderhof, bedeuteten sein Unglück, seinen Untergang. Doch Bayern bereicherten sie um die heute größten Touristenattraktionen nicht nur des Landes, sondern ganz Deutschlands.

SCHLOSS NEUSCHWANSTEIN

Der Bau von Neuschwanstein wurde 1869 begonnen. Es war das erste von drei Schlössern, das allerdings erst als letztes, nämlich 1886, fertig gestellt wurde. Ludwig II. konnte sich nicht lange daran erfreuen, denn im Juni desselben Jahres wurde er entthront und musste von Neuschwanstein zu seiner letzten eskortierten Reise nach Berg aufbrechen, wo er kurz darauf starb.

Das Märchenschloss inspirierte sogar Walt Disney für seine Zeichnungen. Es hat seine Wurzeln in einem Kindheitstraum des Königs, der ihn veranlasste einen märchenhaften Wohnsitz zu schaffen, der gleich zweierlei darstellte: eine mittelalterliche Ritterburg und eine Weihestätte für Wagner. In jenem Kindheitstraum sprachen der Schwanenritter Lohengrin und die Sagenhelden des Heiligen Grals von den Wandgemälden auf Schloss Hohenschwangau zu Ludwig, während dieser gespannt den gegenüberliegenden Berg beobachtete und versuchte, einen flüchtigen Blick auf einen wahrhaftigen Ritter zwischen den Ruinen der mittelalterlichen Feste Hinterhohenschwangau zu erhaschen.

Wagners Musik berührte Ludwig sehr, aber ein großer Teil seiner tiefen Zuneigung gegenüber dem Maestro beruhte auch auf der beiderseitigen leidenschaftlichen Besessenheit für die deutsche Sagenwelt. Ludwigs Vorstellung von der Burg des Schwanenritters Lohengrin, wie er ihn auf den Wänden im Schloss seines Vaters und durch Wagners Musik kennen gelernt hatte, verband sich mit der romantischen Vorliebe jener Zeit, alte Gebäude im mittelalterlichen Stil zu restaurieren. Das erstaunliche Ergebnis seines Traumes war ein so detailliert und perfekt ausgearbeitetes Schloss, dass man kaum glauben konnte, es sei von Menschenhand und mit irdischen Mitteln gebaut worden. Es wirkte vielmehr wie von Gotteshand über Nacht an Ort und Stelle gesetzt. Mit einem schimmernden Weiß, das sich schon von Ferne abhebt, sieht es noch heute so aus, als fußten seine Mauern auf den Wipfeln der Bäume. Die fünf Etagen werden von unzähligen Türmen, Spitztürmchen und Säulen unterbrochen. Während schon die Außenansicht durch ihre Vielfältigkeit bezaubert, besticht auch die Innen-

24 oben *Ansicht der Westseite des Schlosses mit seinem hohen achteckigen Turm und dem doppelstöckigen Balkonerker, der den Einfluss der Wartburg deutlich zeigt.*

24 unten *Neuschwansteins Eingang auf der Ostseite – ein zweigeschossiger von Zinnen bekrönter Torbau mit zwei runden Ecktürmen.*

25 *Schloss Neuschwanstein erhebt sich aus Nebel und Wolken wie ein Ritter in der Sage des Heiligen Grals.*

26–27 *Schloss Neuschwanstein wurde niemals fertig gestellt: Der gesamte zweite Stock, der für die Öffentlichkeit nicht zugänglich ist, besteht aus leeren Räumen und blankem Gemäuer.*

***28** Weiß und Blau, die Farben Bayerns, treten auf einem der Wappen, die die Fenster im Tribünengang schmücken, besonders hervor.*

***28–29** Auf Anregung Wagners besuchte Ludwig II. die Wartburg bei Eisenach, den historischen Schauplatz des Sängerwettstreits in „Tannhäuser". Der König war so beeindruckt von der Burg, dass er viele Stilelemente für Neuschwanstein übernehmen wollte.*

ausstattung: Seide, Brokat, Lapislazuli, Vergoldungen, Bronze, Porzellan, Marmor und hölzerne Schnitz- und Einlegearbeiten wurden für die verschiedenen architektonischen Stilelemente aus dem Gotischen, Romanischen und Byzantinischen verwendet. Trotz dieser stilistischen Vielzahl entsteht nicht der Eindruck eines Durcheinanders, sondern vielmehr die Kreation eines neuen Stils, der sich in allen bayerischen Schlössern Ludwigs II. wieder findet. Das Schloss Neuschwanstein ist wohl das größte Beispiel für den Historismus des 19. Jahrhunderts. Den verausgegangenen Epochen, die den romantischen Geist jener Tage so deutlich beeinflusst hatten, folgte nun der Jugendstil als neue Stilrichtung.

Darüber hinaus wurde bei allen Bauprojekten des Königs modernste Technik eingesetzt, z. B. fließendes Wasser oder ein aufwändiges Heizungssystem. Zu den beeindruckendsten Beispielen zählen die Venusgrotte auf Linderhof, der Esstisch auf Herrenchiemsee, der im Boden versenkt und gedeckt wieder emporgehoben werden konnte, oder die hochmoderne Küche auf Neuschwanstein. Während Maximilian II. und Ludwig I. in erster Linie für die Öffentlichkeit bauten, waren die Schlösser von Ludwig II. allein für ihn selbst bestimmt. Sie waren sein Leben – Orte an denen Traum und Wirklichkeit miteinander verschmolzen und Geschichte wieder lebendig wurde. In einem Brief an Wagner schrieb Ludwig, dass er „in vollkommener, königlicher und poetischer Abgeschiedenheit" versucht hatte ein Kunstwerk zu schaffen, das mit seinen persönlichen Idealvorstellungen der Welt in Einklang stand.

29 oben *Den schönsten Blick auf das Märchenschloss hat man von der Marienbrücke. Im Hintergrund liegt Füssen.*

30 links *Diese Bilder zeigen Details der phantasievoll gemalten Friese, die die Wände des Sängersaales bedecken.*

30–31 und 31 oben *Die unterschiedlichen Ansichten des Sängersaales geben einen Eindruck von der Schönheit der mit Ornamenten und Tierkreiszeichen verzierten Kassettendecke und den zahlreichen Messingkandelabern und Hängeleuchten, die mit mehr als 600 Kerzen bestückt wurden.*

31 Mitte *Die westliche Schmalseite des Sängersaales schließt mit marmornen Säulenarkaden ab, die eine Darstellung von Zauberer Klingsors Wald umrahmen. Über den Arkaden finden sich die Gemälde anderer Figuren aus der Parzival-Dichtung, der dieser Saal gewidmet ist.*

31 unten *Szenen aus dem Leben des jungen Parzival zieren die Wand entlang des Tribünengangs; diese zeigt, wie der junge Held auf den Roten Ritter trifft und ihn mit seinem Knabenschwert tötet.*

32 oben *Auf den Wänden des Vorplatzes zum Sängersaal ist die Sage Gudruns, der Witwe Sigurds, dargestellt, die König Atli beiratete und später erstach.*

32 unten *Der Fußboden im Hauptraum des Thronsaales ist ein einziges Mosaik, das aus Ornamenten, Pflanzen- und Tiermotiven besteht.*

33 *Der in zwei Ebenen angelegte Thronsaal hat die Pracht einer byzantinischen Kirche und Züge aus dem Inneren der Münchner Allerheiligen Hofkirche.*

34 links oben *Das Treffen von Tannhäuser und Venus wird auf diesem Gemälde im königlichen Arbeitszimmer dargestellt.*

34 links unten *Das Symbol des Schlosses, ein weißer Schwan, steht auf dem fein ausgearbeiteten Kachelofen. Das Gemälde darüber zeigt die Ankunft Lohengrins.*

34 rechts oben *Eine vergoldete Bronze-Plastik, die den Kampf Siegfrieds mit dem Drachen darstellt, steht auf dem mit reichen Schnitzereien verzierten Tisch im Speisezimmer.*

34 rechts unten *Das Wohnzimmer ist der Lohengrin-Sage gewidmet. Die Taten des Schwanenritters betörten den jungen Ludwig und inspirierten ihn zum Bau des Schlosses. Das Wandgemälde über dem Sofa beschreibt das Gralswunder.*

34–35 *Das Arbeitszimmer befindet sich im dritten Stock, in dem auch die Wohnräume des Königs untergebracht sind. Es ist mit einer Vertäfelung und kostbaren Möbeln aus Eichenholz ausgestattet. Seine Wände sind mit Gemälden der Tannhäuser-Sage geschmückt.*

36 oben Diese Gemälde zeigen Szenen aus der Dichtung von Walther von der Vogelweide und von Hans Sachs.

36 Mitte Wie in all seinen Schlössern sollte auch auf Neuschwanstein Ludwigs Schlafzimmer besonders prächtig ausgestattet sein. Im Gegensatz zur Romanik in den übrigen Räumen ist dieses Zimmer im Stil der Spätgotik gehalten. Die Wandgemälde sind der Dichtung „Tristan und Isolde“ gewidmet.

36 unten Durch die Fenster des königlichen Ankleidezimmers blickt man auf den Oberen Hof. Die violetten Seidenvorhänge sind mit Pfauen bestickt – ebenfalls ein sehr beliebtes und häufig auftauchendes Motiv in den Schlössern Ludwigs II.

37 Der Andachtsraum des Königs ist mit Eichenholz vertäfelt und mit neugotischen Ornamenten verziert. Auf dem Wandgemälde, dem Fenster und dem Mittelbild des Triptychons ist St. Ludwig, der Schutzpatron Ludwigs II., dargestellt.

38 oben links *Die Wandgemälde in der Vorhalle zu den königlichen Wohnräumen im dritten Obergeschoss erzählen die Sigurd-Sage, die der Siegfried-Sage des mittelhochdeutschen Nibelungenliedes entspricht. Die in der Edda wiedergegebene Fassung zählt zur ältesten noch existierenden Sammlung germanischer Sagen. Das Bild zeigt Regin, der für den jungen Sigurd das berühmte Schwert Gram schmiedet.*

38 unten links *Der alte, weise Gripyn prophezeit Sigurd sein Schicksal.*

39 *Dieses Gemälde in der Vorhalle zum Sängersaal zeigt König Atlis werben um Gudrun, die Witwe Sigurds. Es ist eines der Werke von W. Hausschild.*

38 rechts *Mithilfe des von Regin geschmiedeten Schwertes tötet Sigurd Fafnir, der in Gestalt eines Lindwurms den Schatz der Nibelungen bewacht.*

SCHLOSS LINDERHOF

40 oben links *Majolika-Vasen aus der Nymphenburger Porzellanmanufaktur zieren die östlichen Blumenbeete. Es handelt sich um Nachbildungen von Originalen aus Choisy-le-Roi.*

40 unten links *Das Foto zeigt eine der beiden schmiedeeisernen Nymphen, die am Fuße der ersten Terrasse am Hauptparterre vor dem Schloss Wasser in einen kleinen Brunnen gießen.*

Das herrliche Graswangtal, in dem Linderhof steht, war bereits dem jungen Kronprinzen vertraut, denn sein Vater hatte dort ein Jagdhaus. Als Ludwig II. sich entschloss sein eigenes Versailles zu bauen, plante er ursprünglich, dass es in der Nähe dieses Jagdhauses liegen sollte. Doch der Originalplan aus dem Jahr 1870 wurde viele Male verändert und schließlich wählte Ludwig eine Insel im Chiemsee für sein Versailles-Projekt aus und baute dort das Schloss Herrenchiemsee. Linderhof dagegen wurde als „königliche Villa“ entworfen, deren Aussehen allerdings auch an Versailles erinnern sollte. Es wurde verglichen mit dem Petit Trianon und im Stil des 18. Jahrhunderts gestaltet. Tatsächlich jedoch liegt in seiner Bauweise die einzige Ähnlichkeit zu Versailles.
Linderhof ist das kleinste der drei Schlösser und strahlt eine eher private, um nicht zu sagen gemütliche Atmosphäre aus. Es ist zudem das einzige Schloss, dessen Vollendung der König 1878 erlebte und wo er sich am häufigsten und längsten aufhielt. Die Einrichtung im Stil des Barock und Rokoko ist protzig und pompös, es dominieren Gold und strahlendes Blau, die Lieblingsfarbe des Monarchen. Schwäne und Pfauen, die beiden Lieblingstiere Ludwigs II., gehören hier wie auch auf seinen übrigen Schlössern zu den stets wiederkehrenden Motiven. Aber nur auf Linderhof taucht sowohl auf der Fassade als auch im Inneren das königliche Wappen von Bayern auf.
Trotz seiner Anmut und Pracht war das Schloss nicht für Staatsbesuche, sondern als Zufluchtsort gedacht. Während Herrenchiemsee eine Ode

40 oben rechts *Karl von Effner, der königliche Hofgartendirektor, erschuf den kunstvollen Entwurf für die Gartenanlagen des Nord- und Südhanges von Linderhof nach dem Vorbild der italienischen Renaissance. Im Wasserbassin vor dem Schloss mit seiner vergoldeten Gruppe „Flora mit Putten“ ist eine 30 Meter hohe Fontäne eingebaut.*

40 unten rechts *Gleich hinter dem Schloss überragt ein Holzpavillon die aus 30 Marmorstufen bestehende Kaskade. An ihrem Fuß befindet sich der schmiedeeiserne Neptunbrunnen und ein großes, als Bourbonen-Lilie arrangiertes Blumenbeet.*

41 *Schloss Linderhof ist ein kleines, prächtiges Gebäude im Stil des Rokoko. Es ist eines der elegantesten Werke von Ludwig II.*

43 oben *Hinter dem Springbrunnen mit dem Pfeil schießenden Amor befindet sich ein belaubter Pavillon, der der Steinbüste Ludwigs XVI. Schutz bietet. Ludwig II. empfand eine gewisse Verbundenheit mit dem französischen König, weil dieser Ludwigs Großvater und Paten, Ludwig I., getauft hatte.*

an Ludwig XIV. war und Neuschwanstein der Verherrlichung Wagners und seiner Künste diente, drückte sich mit Schloss Linderhof der deutliche Wunsch des Königs aus, sich in seine Traumwelt zurückzuziehen. Hier konnte er gleichzeitig Akteur und Betrachter sein.

An den Steilhängen des Tales rund um die königliche Villa ließ Ludwig kleine Bauten errichten, die zu einer Miniaturausgabe seiner Phantasiewelt wurden: Der Maurische Kiosk und das Marokkanische Haus strahlten die orientalische Atmosphäre der Märchen aus Tausendundeiner Nacht aus. Im Jagdhaus konnte der König sich auf Tierfellen ausstrecken, Met trinken und sich als eine Gottheit der Nibelungen fühlen. In der Venusgrotte, seiner Blauen Grotte, fuhr er in einem vergoldeten Muschelkahn über das Wasser.

Die Gartenanlage schaffte eine natürliche Verbindung zwischen dem Rokokoschlösschen und dem rauen Charme der Alpenlandschaft. Nach dem Vorbild der italienischen Renaissance nutzte er die natürlichen Gegebenheiten des Geländes, um Terrassen und Wasserfälle anzulegen.

42 oben links *Im westlichen Gartenparterre umrahmen vier längliche Teppichbeete ein vierpassförmiges Bassin, in dessen Mitte eine vergoldete „Fama" steht. Im hinteren Teil des Gartens bildet die Gruppe „Amor mit Delphinen" den Mittelpunkt eines zweiten Springbrunnens. Eine Terrakottabüste Ludwigs XIV., der von Ludwig II. als Idealbild eines absoluten Monarchen verherrlicht wurde, befindet sich in dem Pavillon am Ende des Gartens.*

42 unten links *Das Foto zeigt eine der zahlreichen Kalkstein-Plastiken, die den Garten schmücken.*

42 oben rechts *Die vergoldete Statue der Fama erhebt sich im Westparterre aus einem Bassin in der Form eines vierblättrigen Kleeblattes.*

42–43 *Dieser vergoldete Amor aus Zinkguss, der den Mittelpunkt des Springbrunnens im Ostparterre des Gartens bildet, scheint einen seiner Pfeile auf die Ostfassade Linderhofs abzuschießen.*

44 oben links *Der Berliner Architekt Karl von Diebitsch baute für die Pariser Weltausstellung 1867 diesen „Maurischen Kiosk". Ludwig der II. kaufte ihn für den Park von Schloss Linderhof, ließ ihn wieder aufbauen und neu einrichten.*

44 unten links *Die Hunding Hütte, wie sie als Bühnenbild im ersten Akt von „Die Walküre" beschrieben wird. Hier konnte der König ganz in der Sagenwelt seiner Helden aus dem „Ring der Nibelungen" versinken.*

44 rechts *Dieser wunderbar ausgeleuchtete Abschnitt der Venusgrotte stellt eine Nachbildung des Inneren des Hörselbergs dar, wie er in der Szene des 1. Aktes von Wagners Tannhäuser beschrieben wird. Die Anregungen für den von unten beleuchteten See dagegen stammen aus der Blauen Grotte von Capri.*

45 *Seiner Leidenschaft für Exotisches konnte der bayerische König im Pfauenzimmer des Maurischen Kiosks frönen. Dort herrschte eine Atmosphäre wie in Tausendundeine Nacht. Die Federräder der Pfauen aus emailliertem Bronzeguss sind mit Hunderten von böhmischen Glassteinchen dicht besetzt.*

46–47 *Der Spiegelsaal auf Linderhof ist das Ergebnis der Zusammenarbeit des Architekten Georg Dollmann und des Theatermalers Joseph de la Paix. Das Spiegelkabinett in den Reichen Räumen der Münchner Residenz diente als Vorlage.*

47 oben *Thema des Musikzimmers sind die „Fêtes Galantes", wie das große Leinwandgemälde von H. von Pechmann zeigt. Es stellt feierliche und gesellschaftliche Szenen dar. Die Puttengruppen aus Stuck über den Türen sind von Schmidt signiert.*

47 unten *Ebenso wie Herrenchiemsee ist auch Schloss Linderhof üppig eingerichtet. Ludwigs Vorliebe für edle Ziergegenstände und Möbel machten ihn zu einem großen Förderer von deutschen und ausländischen Künstlern und Kunsthandwerkern seiner Zeit. Bei der Uhr auf diesem Bild handelt es sich um ein Schweizer Modell, die Vasen sind aus Meißner Porzellan.*

__48__ Trotz der privaten, gemütlichen Atmosphäre, die sich Ludwig für Linderhof wünschte, konnte er nicht darauf verzichten, auch die wichtigsten Räume für offizielle Zeremonien einzurichten. Für ihn waren sie das sichtbare Zeichen absolutistischen Machtanspruchs. So finden sich im Audienzzimmer eindeutige Hinweise auf das Bayerische Königreich in den Stucklünetten und über dem Thronbaldachin.

__48–49__ Das Gemälde an der linken hinteren Wand des Musikzimmers trägt den Namen „Schäferpaar am Brunnen", während das auf der rechten Seite „Schäferinnen mit Dudelsackpfeifer" heißt. Bei dem Musikinstrument handelt es sich um ein Pianino Aeolodikon, einer Kombination aus Klavier und Harmonium. In der Mitte steht ein lebensgroßer Pfau aus bemaltem Sèvres-Porzellan.

__49 oben__ Die Gemälde im östlichen Gobelinzimmer wurden – ebenso wie die im Musikzimmer – auf grobe Leinwand gemalt, um den Gobelin-Effekt zu erzielen. Die dunklen Türrahmen des Zimmers wurden nicht aus Ebenholz, sondern aus einem besonderen schwarzen Marmor aus Belgien gefertigt.

__49 unten__ Die zweiflügelige Treppe – eine verkleinerte Ausgabe der Gesandtentreppe von Versailles – führt in das obere Stockwerk. In der Bildmitte eine Vase aus Sèvres-Porzellan, die Ludwig II. angeblich von Kaiser Napoleon III. erhalten hat.

50–51 *Das Schlafzimmer der Reichen Zimmer in der Münchner Residenz diente als Vorbild für das hier dargestellte Prunkschlafzimmer auf Linderhof. Trotz vieler Ähnlichkeiten, z. B. der Bettalkoven mit seinen wunderschönen Verzierungen, gibt es auch entscheidende Unterschiede. Dazu zählen vor allem die Deckenfresken, die in Cuvilliés Original nicht vorhanden sind.*

52–53 Als triumphales Zeichen unendlicher Pracht erhebt sich Schloss Herrenchiemsee aus dem dichten Wald auf der Herreninsel, der größten Insel im Chiemsee.

52 oben Durch die Wasserschleier der Fontänen ist die Fassade von Herrenchiemsee zu sehen, dessen schöpferisches Vorbild das Schloss von Versailles war. Das bayerische Versailles ist sogar noch prachtvoller ausgestattet als das französische Original.

SCHLOSS HERRENCHIEMSEE

Ludwigs letzter großer und gleichzeitig ehrgeizigster Plan war die Nachbildung des Schlosses von Versailles. Er träumte zunächst davon, das Königsschloss an die Stelle des bescheidenen Jagdhauses zu setzen, das sein Vater nahe dem Linderhof ausgebaut hatte. In einem Zeitraum von fünf Jahren legte der Architekt Georg Dollmann 13 Entwürfe für dieses Projekt vor, das mit dem Namen „Meicost Ettal“ – ein Anagramm für „L'état c'est moi“, das Motto von Ludwig XIV. – überschrieben war. 1873 entschied sich Ludwig das Schloss nach dem letzten Entwurf auf der Insel Herrenchiemsee im Chiemsee, ca. 80 Kilometer südöstlich von München, zu bauen. Seine Größe sollte die des Originals übertreffen. Ludwig kopierte das französische Königsschloss nicht einfach, sondern nutzte die charakteristischsten Abschnitte des Gebäudes als Vorlage: die Fassade, die Gesandtentreppe und die Staatsgemächer. Während es sich in Versailles um eine Zusammensetzung von Bauten verschiedener Epochen handelt, wurde Herrenchiemsee direkt als einheitliches Ganzes geplant. Nach dem Vorbild alter Stiche wurde die Gesandtentreppe, die in Frankreich 1752 eingerissen worden war, für Ludwigs Schloss rekonstruiert und mit ihren beiden symmetrisch angeordneten Flügeln eingepasst. Die Fassade ist größer als die von Versailles, ebenso die Große Spiegelgalerie und die übrigen Räume. Das üppige Schlafzimmer im Stil des Barock unterscheidet sich vom Original genauso wie das Kleine Appartement, eine Reihe von Räumen, die es ursprünglich auf dem Schloss von Versailles nicht gegeben hat. Diese Zimmer wurden im Stil Ludwigs XV.

53 oben *Der Latona-Brunnen ist eine Nachbildung des Versailler Originals. Die Latona-Figur thront über den Stufen, auf denen zu Fröschen verwandelte Bauern und Amphibien aus Bleiguss Wasser speien.*

53 unten *Die hohe Fontäne der Fama – eine Nachbildung eines Brunnens im spanischen San Ildefonso – dominiert das nördliche Bassin. Zahlreiche mythologische und allegorische Figuren aus Bleiguss sind sowohl auf dem Felsaufbau als auch in den Ecken des Bassins zu finden.*

54 oben *Die ovalen Fenster in der Frieszone gaben dem zweiten Vorzimmer seinen Namen: Salle de l'oeil de boeuf (Ochsenaugenzimmer). Es ist dem gleichnamigen Raum in Versailles nachempfunden. In der Mitte des Zimmers steht eine kleine Bronzestatue von Ludwig XIV., auch die Wandgemälde sind dem Sonnenkönig gewidmet.*

54 unten *Der große Porzellanlüster mit 108 Kerzen, der Tafelaufsatz, die Vasen und die Uhren im Speisezimmer sind alle aus Meißner Porzellan. Um dem ausgeprägten Wunsch des Königs nach Privatsphäre nachzukommen, wurde der Esstisch durch den Boden abgesenkt und erst gedeckt und vorbereitet wieder nach oben geschickt.*

55 *In der von Säulen geteilten Vorhalle steht eine sehr große Vase aus italienischem Marmor mit einem Pfauenpärchen aus Bronze und durchsichtigem Email. Neben dem Schwan war auch der Pfau ein favorisiertes Motiv von Ludwig II. Beachtenswert ist hier auch der ungewöhnliche Fußboden, der aus buntem Marmor besteht.*

56–57 *Die große Spiegelgalerie beruht auf einem Entwurf von Georg Dollmann und ist mit ihren 98 Metern sogar länger als die von Versailles. Ludwig II. versuchte der „Galerie des Glaces" wieder ihre einstige Pracht zu verleihen, indem er Einrichtungen rekonstruieren ließ, die seit Jahrhunderten verloren waren.*

als deutlicher Gegensatz zu den übrigen Prunksälen entworfen. Ein weiterer Grund für die stilistischen Unterschiede ist auf die Tatsache zurückzuführen, dass es einen Wechsel des Architekten gab: Dollmann beendete 1881 die Arbeiten an den Staatsräumen und der Prachttreppe und Julius Hofmann übernahm 1884 die Fertigstellung der königlichen Wohnung. Von Bedeutung ist auch, dass in Versailles die Räume leer standen – das Mobiliar war zerstört oder während der Revolution gestohlen worden. Weil keine Modelle zur Nachahmung mehr vorhanden waren, handelt es sich also bei allen Möbelstücken, Porzellanarbeiten, Vorhängen, Bronzen und Uhren um Originalentwürfe der Baumeister, die ihre schöpferischen Phantasien dank der geschickten Münchener Hand-

werker ausleben konnten. Ihre Entwürfe wurden allerdings häufig vom König korrigiert und vervollständigt. Allein an dem Bett im Paradeschlafzimmer wurde sieben Jahre gearbeitet! Schloss Herrenchiemsee sollte nicht als unvollständig betrachtet werden, denn sogar im Originalplan von 1870 wurden nicht mehr Räume vorgesehen als tatsächlich heute fertig gestellt sind. Die Prachträume von Versailles waren alles, was Ludwig brauchte oder wollte, um „seine absolute Monarchie" zu feiern. Herrenchiemsee ist keine Residenz, sondern ein Denkmal, eine Bühne für die Werke eines Königs, der zu spät geboren wurde und seine Rolle nur noch in einer Phantasiewelt spielen konnte. Und diese Welt lag auf einer Insel, nur mit dem Boot zu erreichen und fern ab von den Banalitäten des Lebens.

60 Mitte links *Dieses Gemälde von Ludwig Behringer (1864) zeigt den König zu Pferde umgeben von seinen Offizieren.*

60 unten *Zwischen den Marmorbüsten der Marschälle des Sonnenkönigs sind hier die Hellebarden der königlichen Leibwache zu sehen. Der „Salle des Gardes" diente als Vorbild für den Hartschiersaal, der ebenso wie zwei weitere Vorzimmer, das Paradeschlafzimmer, der Beratungssaal und die große Spiegelgalerie zu den repräsentativen Staatsräumen zählt. Diese waren jedoch nicht Bestandteil der königlichen Privatgemächer.*

60 oben *Die Wände im Friedenssaal sind mit mehrfarbigem Stuckmarmor verkleidet. Über dem Kamin aus grünem spanischen Marmor hängt ein Porträt von Ludwig XIV. Der Eichenfußboden mit Ornament-Intarsien aus Rosenholz gehört zu den Besonderheiten auf Herrenchiemsee.*

60 Mitte rechts *Das gewaltige Treppenhaus wurde nach dem Vorbild der Gesandtentreppe von Versailles gebaut, die im Jahr 1752 eingerissen worden war. Bei den mehrfarbigen Marmor- und Stuckmarmorausführungen an den Wänden handelt es sich um eine originalgetreue Nachbildung, das Glasdach hingegen fehlte im Versailler Treppenhaus. Die Stuckfiguren in den Nischen sollten ursprünglich aus Vipiteno-Marmor gefertigt werden. Jedes Mal, wenn Ludwig das Schloss besuchte, wurde das Treppenhaus in einen Blumenteppich verwandelt.*

61 *Mit der Kleinen Galerie endet die Abfolge der königlichen Privaträume. Es handelt sich um eine Nachbildung der „Petit Galerie" von Versailles, die bereits nicht mehr existiert. Allegorische Stuckfiguren über den Nischen und dem Hauptgesimse schmücken den Raum.*

__60 Mitte links__ Dieses Gemälde von Ludwig Behringer (1864) zeigt den König zu Pferde umgeben von seinen Offizieren.

__60 unten__ Zwischen den Marmorbüsten der Marschälle des Sonnenkönigs sind hier die Hellebarden der königlichen Leibwache zu sehen. Der „Salle des Gardes“ diente als Vorbild für den Hartschiersaal, der ebenso wie zwei weitere Vorzimmer, das Paradeschlafzimmer, der Beratungssaal und die große Spiegelgalerie zu den repräsentativen Staatsräumen zählt. Diese waren jedoch nicht Bestandteil der königlichen Privatgemächer.

__60 oben__ Die Wände im Friedenssaal sind mit mehrfarbigem Stuckmarmor verkleidet. Über dem Kamin aus grünem spanischen Marmor hängt ein Porträt von Ludwig XIV. Der Eichenfußboden mit Ornament-Intarsien aus Rosenholz gehört zu den Besonderheiten auf Herrenchiemsee.

__60 Mitte rechts__ Das gewaltige Treppenhaus wurde nach dem Vorbild der Gesandtentreppe von Versailles gebaut, die im Jahr 1752 eingerissen worden war. Bei den mehrfarbigen Marmor- und Stuckmarmorausführungen an den Wänden handelt es sich um eine originalgetreue Nachbildung, das Glasdach hingegen fehlte im Versailler Treppenhaus. Die Stuckfiguren in den Nischen sollten ursprünglich aus Vipiteno-Marmor gefertigt werden. Jedes Mal, wenn Ludwig das Schloss besuchte, wurde das Treppenhaus in einen Blumenteppich verwandelt.

__61__ Mit der Kleinen Galerie endet die Abfolge der königlichen Privaträume. Es handelt sich um eine Nachbildung der „Petit Galerie“ von Versailles, die bereits nicht mehr existiert. Allegorische Stuckfiguren über den Nischen und dem Hauptgesimse schmücken den Raum.

58 Mitte links *Dieses Porzellangemälde zeigt einen Ausschnitt von „Astronomie und Geschichte“ – der Putto hält ein Medaillon mit einem Porträt Ludwigs II. Es ist das einzige Porzellangemälde dieser Art im ganzen Schloss, denn die Türen wurden erst nach dem Tod des Königs fertig gestellt.*

58 oben und 58–59 *Der Kamin im Porzellankabinett besteht aus tunesischem Marmor. Der Spiegel, der Lüster, die Kandelaber, die Vasen, die Uhren und die phantastischen Konsoltischchen mit den zart bemalten Putten sind aus kostbarem Meißner Porzellan gefertigt.*

58 unten *Dieses Panoramabild zeigt die ganze Pracht und Üppigkeit des Porzellankabinetts. Die Decke ist mit Stuck verziert und mit einem Fresko bemalt, das den „Genius der Kunst“ darstellt. Der kostbare Schreibtisch ist aus Rosenholz gefertigt und hat eine Oberfläche aus bemaltem Meißner Porzellan.*

58 Mitte rechts *Dieses Bild zeigt ein weiteres Detail des Porzellankabinetts: die Wandgemälde mit ihren mythologischen Motiven. Es handelt sich hierbei um Nachbildungen von Originalen auf Schloss Fontainebleau.*

60 Mitte links Dieses Gemälde von Ludwig Behringer (1864) zeigt den König zu Pferde umgeben von seinen Offizieren.

60 unten Zwischen den Marmorbüsten der Marschälle des Sonnenkönigs sind hier die Hellebarden der königlichen Leibwache zu sehen. Der „Salle des Gardes" diente als Vorbild für den Hartschiersaal, der ebenso wie zwei weitere Vorzimmer, das Paradeschlafzimmer, der Beratungssaal und die große Spiegelgalerie zu den repräsentativen Staatsräumen zählt. Diese waren jedoch nicht Bestandteil der königlichen Privatgemächer.

60 oben Die Wände im Friedenssaal sind mit mehrfarbigem Stuckmarmor verkleidet. Über dem Kamin aus grünem spanischen Marmor hängt ein Porträt von Ludwig XIV. Der Eichenfußboden mit Ornament-Intarsien aus Rosenholz gehört zu den Besonderheiten auf Herrenchiemsee.

60 Mitte rechts Das gewaltige Treppenhaus wurde nach dem Vorbild der Gesandtentreppe von Versailles gebaut, die im Jahr 1752 eingerissen worden war. Bei den mehrfarbigen Marmor- und Stuckmarmorausführungen an den Wänden handelt es sich um eine originalgetreue Nachbildung, das Glasdach hingegen fehlte im Versailler Treppenhaus. Die Stuckfiguren in den Nischen sollten ursprünglich aus Vipiteno-Marmor gefertigt werden. Jedes Mal, wenn Ludwig das Schloss besuchte, wurde das Treppenhaus in einen Blumenteppich verwandelt.

61 Mit der Kleinen Galerie endet die Abfolge der königlichen Privaträume. Es handelt sich um eine Nachbildung der „Petit Galerie" von Versailles, die bereits nicht mehr existiert. Allegorische Stuckfiguren über den Nischen und dem Hauptgesimse schmücken den Raum.

62 Mitte *Ludwig XIV. war dafür bekannt, dass er die erste und letzte Audienz eines Tages in seinem Schlafzimmer abhielt. Mit dem aufwändig gestalteten Paradeschlafzimmer, das von Ludwig II. nie benutzt wurde, offenbart Herrenchiemsee seine höchste Pracht. In den Münchner Werkstätten Jörres und Bornhause arbeitete man allein am Bett des Paradeschlafzimmers sieben Jahre!*

63 unten *Der üppig verzierte Blaue Salon ist über und über mit vergoldeten plastischen Schnitzereien und farbig irisierenden Vögeln besetzt. In die Vertäfelung eingelassene Spiegel erwecken den Eindruck einer endlosen Raumabfolge.*

62–63 *Im Schlafzimmer Ludwigs II. sind der Baldachin, die Vorhänge und die seidenen und samtenen mit Gold bestickten Decken in seiner Lieblingsfarbe Blau gehalten. Das Kopfteil des üppig geschnitzten Holzbettes zeigt die Sonne, das Symbol Ludwigs XIV. Die blaue Kugel auf dem reich geschnitzten, vergoldeten Ständer beleuchtete den Raum in der Nacht.*

62 oben *Auch das Arbeitszimmer des Königs ist überaus luxuriös ausgestattet. Bei den Möbeln und Einrichtungsgegenständen handelt es sich um unbezahlbare Meisterstücke künstlerischen und handwerklichen Könnens. Der große Rollschreibtisch ist eine Nachbildung des berühmten „Bureau du Roi", der heute im Louvre ausgestellt wird. Auf einem der Konsoltischchen steht eine atemberaubende Uhr in Elefantenform, die aus versilberter und vergoldeter Bronze gearbeitet ist, Seite an Seite mit zwei weiteren, kunstvoll gestalteten astronomischen Uhren.*

GROSSARTIGE RESIDENZEN FÜR BAYERNS ADEL

64 oben *Das Bild zeigt die Orangerie der Kemptener Residenz. Kempten ist ein zentraler Punkt des bayerischen Allgäus und die Residenz zählt zu den ersten Beispielen barocker Architektur. Die alte Fürstäbtliche Residenz wurde 1651 von Beer entworfen und in den folgenden Jahren errichtet. Die Verzierungen im Inneren lassen deutlich den Übergang vom Barock zum Rokoko erkennen.*

64 unten *Der Dom und die Türme von St. Lorenz, der größten barocken Kirche Deutschlands, überragen die kunstvoll angelegten Gärten der Klosteranlage, zu der auch die Kemptener Residenz gehört. Der Dom wurde zwischen 1652 und 1666 von M. Beer und J. Serro erbaut.*

64–65 *Der Renaissancebau von Schloss Neuburg prägt das Bild der Stadt an der Donau. Im 16. Jahrhundert ordnete Pfalzgraf Ottheinrich den Bau eines dreiflügeligen Gebäudes im Stil der Renaissance an, das genau an der Stelle eines Wohnsitzes aus dem vorausgegangenen Jahrhundert entstehen sollte.*

Ein Hauch von Renaissance streifte selbst Deutschland, als sich hier – wenngleich viel später als in Südeuropa – die düsteren Jahre des Mittelalters ihrem Ende neigten. In Bayern, wo im Vergleich zum restlichen Land eher der Geist des südlichen Europas herrschte, wurde die Renaissance schon bald aufgenommen. Bayerns enge Burgen machten ein bequemes Leben unmöglich und der Bedarf an wohnlichen Unterkünften, in denen man auch Gäste empfangen konnte, war schnell gestiegen. In den alten, feuchten Befestigungsanlagen, die zu dieser Zeit als Verteidigung gegen eine modernere Kriegstechnologie bereits untauglich waren, wollten Fürsten und Adel nicht mehr wohnen. Der Dreißigjährige Krieg unterbrach zwar den Bau neuer Residenzen, die den aristokratischen Ansprüchen entsprachen, aber das 17. Jahrhundert markiert dennoch die Entstehungszeit der Residenzschlösser.

Die Rivalitäten unter den verschiedenen Adelshäusern, unter den Familien der Fürstbischöfe und zwischen Bischöfen und Hochadel mündeten im Wettkampf um den Bau des kostspieligsten und prächtigsten Wohnsitzes. Der Baustil, der zu dieser Zeit in Italien in Mode war – üppig, theatralisch und phantasievoll – lieferte gerade die richtigen Anregungen. Grafen, Herzöge und Fürstbischöfe begannen in den Städten oder deren Nähe helle, geräumige Schlösser zu bauen (im krassen Gegensatz zu den dunklen, beengten Räumen der wehrhaften Burgen) mit ganzen Zimmerfluchten und reich ausgestatteten Salons, umgeben von märchenhaften Parkanlagen mit zusätzlichen Bauten wie Orangerien, Pavillons und kleinen Tempeln. Der Stil des Barock tauchte bei allen neuen Gebäuden auf und wurde dann von dem leichteren, eher luftigen und sogar verspielten Rokoko abgelöst. So also präsentierten sich die Residenzschlösser in den Anfängen der Neuzeit einheitlich in einem Stil verschwenderischer Eleganz. Jedes trug jedoch den persönlichen Stempel derer, die ein immer währendes Zeichen ihrer Macht und ihres Ruhmes zurücklassen wollten.

65 oben *Zwischen den Wäldern und Weinbergen des Steigerwalds liegt das herrliche Barockschloss Weißenstein in Pommersfelden. Es ist mit kunstvollen Fresken reich verziert und in seiner ganzen Pracht noch fast vollständig erhalten. Das Schloss wurde ungefähr zur gleichen Zeit erbaut wie die Würzburger Residenz und die Neue Residenz von Bamberg.*

DIE MÜNCHNER RESIDENZ

__66 oben__ Die Münchner Residenz, der Stammsitz der Wittelsbacher, gilt als eines der schönsten Renaissanceschlösser Europas und dies, obwohl die Gebäude, die die sieben Innenhöfe umschließen, eine Kombination aus Renaissance-, Rokoko- und neoklassizistischem Baustil darstellen. Die Residenzfassade am Max-Joseph-Platz entstand zwischen 1826 und 1833 unter der Leitung von Leo von Klenze nach dem Vorbild des Palazzo Pitti und des Palazzo Rucellai.

__66 Mitte__ Zwischen 1581 und 1586 ließ Herzog Wilhelm V. die Grottenhofumbauung errichten. Trotz einiger Veränderungen strahlt dieser „Garten der geheimen Lüste" auch heute noch die unbeschwerte Atmosphäre der Renaissancegärten Südeuropas aus.

__66 unten__ Die Wände des Saales, der zum Grottenhof führt, sind mit vulkanischem Lavagestein bedeckt und mit Muscheln, Kristallen und mehrfarbigen Steinen dicht besetzt.

Die herrliche Residenz befindet sich am Max-Joseph-Platz, wo sie im Auftrag von Maximilian I. und später von seinem Sohn Ludwig I. gebaut wurde. Was früher der Familiensitz der Wittelsbacher war, beherbergt heute eines der schönsten Museen der Welt. Als die Schweden im Dreißigjährigen Krieg München eroberten, soll König Gustav Adolf beim Anblick der Residenz bewundernd geflüstert haben: „Ach wenn sie doch nur Räder hätte!"
Heute wird die Residenz als eine der schönsten Renaissanceanlagen Europas angesehen, obwohl die Gebäude, die sich um die sieben Innenhöfe versammeln, aus dem 16. bis 19. Jahrhundert stammen und damit die jeweils unterschiedlichen Baustile dieser Jahrhunderte, nämlich Renaissance, Barock, Rokoko und Neoklassizismus, umfassen. Nach den Bombenangriffen des Zweiten Weltkrieges musste die Anlage fast vollständig neu errichtet werden. Das meiste der kostbaren Einrichtung hingegen konnte gerettet und mittlerweile wieder an den ursprünglichen Standorten in den Räumlichkeiten platziert werden. Die der Öffentlichkeit zugänglichen Räume bilden das Residenzmuseum. Die Alte Residenz mit ihrem Eingang in der Residenzstraße umfasst die wichtigsten Gebäudeabschnitte inklusive dem prächtigen Alten Residenztheater, das als wahres Rokoko-Schmuckstück des Architekten Francois de Cuvilliés bekannt ist. Der Königsbau, dessen Renaissancefassade eine Nachbildung des Palazzo Pitti darstellt, wurde von Ludwig I. in Auftrag gegeben und dient heute als Eingang zum Residenzmuseum. Zum etwas moderneren Nordflügel – entstanden von

66–67 *Der Brunnenhof ist ein lang gezogenes Achteck, das zwischen 1612 und 1616 durch den Anbau neuer Gebäude an die bereits vorhandenen entstand. Der Wittelsbacher Brunnen in der Mitte des Hofes ist ein Denkmal zu Ehren Herzog Otto von Wittelsbach, dem Gründer der Dynastie.*

67 oben *Dieses Bild zeigt die Südfassade der Residenz mit dem Max-Joseph-Denkmal im Vordergrund. Leider können wir heute die Residenz größtenteils nur als originalgetreue Nachbildung bewundern, denn bei den Bombenangriffen 1945 wurde das ursprüngliche Meisterwerk in nur wenigen Stunden zerstört.*

68 oben *Unter der Aufsicht von Joseph Effner wurde der Hofgartensaal zur Ahnengalerie umgestaltet. 121 Porträts verewigen hier die Herrscher Bayerns bis zum Jahr 1913, in erster Linie die Wittelsbacher Dynastie und ihre Verwandten. Die vergoldeten Stuckverzierungen an der Decke stammen von Johann Baptist Zimmermann.*

1837–1842 und bekannt als Festsaalbau – gehört der Herkulessaal, der heutige Konzertsaal. Der herrliche Hofgarten wurde unter der Regentschaft von Maximilian I. mit Säulengängen und einem kleinen Rundtempel verschönert.

Zu den ältesten Teilen des Schlosses zählen der Grottenhof, 1585 erbaut unter Wilhelm V. als ein „Garten der geheimen Lüste", und das Antiquarium, das 1568 von Albrecht V. in Auftrag gegeben wurde, um die Wittelsbacher Antikensammlung zu beherbergen. Diese Arbeit von Jacopo Strada gilt als bedeutendster profaner Renaissanceraum nördlich der Alpen. Die prachtvollsten und extravagantesten Räumlichkeiten der Residenz befinden sich im oberen Stockwerk: die Reichen Zimmer. Sie stellen ein weiteres Prachtwerk deutschen Rokokos aus der Hand von Francois de Cuvilliés dar. Die Stuckverzierungen wurden von Johann Baptist Zimmermann angefertigt. Die Reichen Zimmer führten zur Geheimen Kammerkapelle, einem durch vergoldete Verzierungen und Lapislazuli glänzenden kleinen Raum mit Mosaiken aus Marmor und Schmucksteinen an Wänden und Fußboden.

68 Mitte *Einzigartig ist die Wandverkleidung im Thronsaal: Die Wände oberhalb der Sockel aus Stuckmarmor sind ganz in Gold gehalten und mit einem Netz aus Palmettenwerk überzogen.*

68 unten *Der Kaisersaal hat die Maße 34 x 15 Meter und eine Höhe von 10 Metern. Die mittleren Originalgemälde der Kassettendecke verbrannten 1944 und wurden später durch maßstabgetreue Fotoreproduktionen ersetzt. Die Gemälde zwischen den Fenstern wurden von Andrea Vincentino in Venedig gemalt. Die 15 Wandteppiche stellen Helden der Antike und des Alten Testaments dar.*

68–69 *Die Reiche Kapelle bildet den Abschluss der Reichen Zimmer der Residenz. Die Deckenzone ist mit vergoldeten Stuckverzierungen auf azurblauem Hintergrund geschmückt. Zahlreiche Verzierungen aus Scagliola, der Altar, die acht Fenster und viele Reliquiare und kleine Statuen konnten vor den Bomben gerettet werden.*

69 oben *Das Alte Residenztheater oder Cuvilliéstheater ist das Rokoko-Meisterwerk des berühmten belgischen Architekten und ehemaligen Hofnarren Francois de Cuvilliés. Kurfürst Max Emanuel hatte das Zeichentalent des Zwerges schon bald nach dessen Ankunft am Hof entdeckt und ihn zur Ausbildung nach Paris geschickt.*

70–71 Der bedeutendste und mit 66 Metern Länge größte profane Renaissanceraum nördlich der Alpen ist das Antiquarium. Es wurde im Auftrag von Herzog Albrecht V. zwischen 1568 und 1571 von Jacopo Strada und Wilhelm Egckl für die Antikensammlung des Herzogs erbaut.

SCHLOSS SCHLEISSHEIM

72 oben links *Herzog Wilhelm V. begründete das alte Schleißheimer Schloss mit dem Bau eines Herrenhauses als Zufluchtsstätte nach strapaziösen Arbeitstagen. 1616 ließ sein Sohn Maximilian I. das Gebäude in ein Schloss im Stile der italienischen Renaissance verwandeln.*

72 oben rechts *Das kleine Schlößchen Lustheim inmitten der wunderschönen französischen Gärten ist rund 30 Jahre älter als das Neue Schloss. Es wurde von Enrico Zuccalli entworfen und als Hochzeitsgeschenk für Maria Antonia, die Gemahlin des Kurfürsten, gebaut.*

72–73 *Im Jahre 1701 begann Kurfürst Max Emanuel mit dem Bau des neuen Schleißheimer Schlosses, einem monumentalen Barockschloss, das zur Sommerresidenz der Kurfürsten von Bayern wurde.*

Schloss Schleißheim befindet sich in Oberschleißheim, circa 20 Kilometer von München entfernt. Die wunderbare barocke Anlage besteht aus zwei Schlössern, von denen das eine nachträglich vor das andere gesetzt wurde. Mit dem Bau des ersten Schlosses wurde 1597 nach Plänen von Heinrich Schön begonnen. Es ist als „Altes Schloss" bekannt und sollte Herzog Wilhelm V. als bescheidener Wohnsitz dienen. Im Jahre 1616 übernahm es dessen Sohn, Herzog Maximilian I., und die Zufluchtsstätte des Vaters vergrößerte sich zu einem Schloss im Stile der italienischen Renaissance. Unglücklicherweise liefert das heutige Gebäude nur noch einen schwachen Eindruck von dem, was das Alte Schloss vor den Bombenangriffen des Zweiten Weltkriegs darstellte, nur die Außenfassade wurde rekonstruiert. Im Inneren kann man eine interessante Ausstellung hauseigener religiöser Gegenstände wie Weihnachtskrippen, Darstellungen der Passionsgeschichte und Ostereier aus Osteuropa bewundern.

Das Alte Schloss wird von dem großartigen Neuen Schloss in den Schatten gestellt. Bereits 1693 entschied sich Kurfürst Maimilian II. Emanuel die Schlossanlage zu erweitern. Die Arbeiten an dem Neuen Schloss wurden zunächst von Enrico Zuccalli geleitet, dann brachte der Spanische Erbfolgekrieg den Bau bis 1719 zum Erliegen. Schließlich wurde Joseph Effner, ein bayerischer Architekt, der in Frankreich studiert hatte, damit beauftragt, das Bauprojekt nach neuen Plänen fortzuführen. Effner engagierte die großen Namen des Bau- und Kunstgewerbes seiner Zeit, darunter auch Francois de Cuvilliés, Johann Baptist Zimmermann und Cosmas Damian Asam. Das Neue Schloss wurde zwischen 1847 und 1848 fertig gestellt, allerdings fehlte die Verbindung zum Alten Schloss, die den gesamten Komplex hätte zusammenführen sollen. Sie wurde nie gebaut.

Aus dem prachtvollen Erdgeschoss mit seinen roten Marmorsäulen und den flächendeckenden Stuckverzierungen und Fresken führt ein prächtiges Treppenhaus ins Obergeschoss. Hier befindet sich die Barockgalerie, Deutschlands bedeutendste Sammlung barocker Gemälde. Die Decke des Saales ist geschmückt mit eindrucksvollen Gemälden von Jacopo Amigoni, die Szenen aus der Geschichte der Wittelsbacher darstellen und den Raum nur leicht verdunkeln. Die wunderbaren Sommerkonzerte in Schleißheim werden in diesem Saal gegeben.

Die gepflegte Gartenanlage im französischen Stil bildet den passenden idyllischen Rahmen für die Schlösser. Arabesken aus verschiedensten Blumen und bunten Natursteinen, geometrisch geschnittene Hecken und Kanäle mit Kaskaden prägen das Bild. Sie wurden 1715 nach Plänen von Joseph Effner und Dominique Girard gestaltet.

Im Park befindet sich auch das Gartenschloss Lustheim, das der Kurfürst seiner Gemahlin Maria Antonia als Hochzeitsgeschenk erbauen ließ. Heute beherbergen die hellen und fein verzierten Räumlichkeiten eine der schönsten Porzellansammlungen Europas, die Meißner-Porzellansammlung, die hervorragend mit der barocken Innenausstattung des Schlösschens harmoniert.

73 *Scagliola-Verzierungen und Stuckmarmor schmücken die Kammerkapelle des Neuen Schlosses. Der Rahmen aus vergoldetem Stuckdekor in der Mitte der Decke bildet die Öffnung zu einem höher gelegenen Deckenniveau.*

74 *Das große Audienzzimmer ist mit kostbaren Wirkteppichen aus Seide behangen, auf denen Kampfszenen dargestellt sind. Die vergoldeten Holzmöbel sind mit Schnitzereien verziert und die Porzellanvasen stammen aus der Nymphenburger Manufaktur.*

75–78 *Die Frontansicht des Neuen Schlosses hebt sich wunderschön gegen den klaren bayerischen Himmel ab. Die wertvolle Einrichtung und die Kunstgalerie mit Werken aus dem 16. bis 18. Jahrhundert vermitteln einen Eindruck vom höfischen Leben dieser Zeit.*

SCHLOSS SCHLEISSHEIM

72 oben links *Herzog Wilhelm V. begründete das alte Schleißheimer Schloss mit dem Bau eines Herrenhauses als Zufluchtsstätte nach strapaziösen Arbeitstagen. 1616 ließ sein Sohn Maximilian I. das Gebäude in ein Schloss im Stile der italienischen Renaissance verwandeln.*

72 oben rechts *Das kleine Schlößchen Lustheim inmitten der wunderschönen französischen Gärten ist rund 30 Jahre älter als das Neue Schloss. Es wurde von Enrico Zuccalli entworfen und als Hochzeitsgeschenk für Maria Antonia, die Gemahlin des Kurfürsten, gebaut.*

72–73 *Im Jahre 1701 begann Kurfürst Max Emanuel mit dem Bau des neuen Schleißheimer Schlosses, einem monumentalen Barockschloss, das zur Sommerresidenz der Kurfürsten von Bayern wurde.*

Schloss Schleißheim befindet sich in Oberschleißheim, circa 20 Kilometer von München entfernt. Die wunderbare barocke Anlage besteht aus zwei Schlössern, von denen das eine nachträglich vor das andere gesetzt wurde. Mit dem Bau des ersten Schlosses wurde 1597 nach Plänen von Heinrich Schön begonnen. Es ist als „Altes Schloss" bekannt und sollte Herzog Wilhelm V. als bescheidener Wohnsitz dienen. Im Jahre 1616 übernahm es dessen Sohn, Herzog Maximilian I., und die Zufluchtsstätte des Vaters vergrößerte sich zu einem Schloss im Stile der italienischen Renaissance. Unglücklicherweise liefert das heutige Gebäude nur noch einen schwachen Eindruck von dem, was das Alte Schloss vor den Bombenangriffen des Zweiten Weltkriegs darstellte, nur die Außenfassade wurde rekonstruiert. Im Inneren kann man eine interessante Ausstellung hauseigener religiöser Gegenstände wie Weihnachtskrippen, Darstellungen der Passionsgeschichte und Ostereier aus Osteuropa bewundern.

Das Alte Schloss wird von dem großartigen Neuen Schloss in den Schatten gestellt. Bereits 1693 entschied sich Kurfürst Maimilian II. Emanuel die Schlossanlage zu erweitern. Die Arbeiten an dem Neuen Schloss wurden zunächst von Enrico Zuccalli geleitet, dann brachte der Spanische Erbfolgekrieg den Bau bis 1719 zum Erliegen. Schließlich wurde Joseph Effner, ein bayerischer Architekt, der in Frankreich studiert hatte, damit beauftragt, das Bauprojekt nach neuen Plänen fortzuführen. Effner engagierte die großen Namen des Bau- und Kunstgewerbes seiner Zeit, darunter auch Francois de Cuvilliés, Johann Baptist Zimmermann und Cosmas Damian Asam. Das Neue Schloss wurde zwischen 1847 und 1848 fertig gestellt, allerdings fehlte die Verbindung zum Alten Schloss, die den gesamten Komplex hätte zusammenführen sollen. Sie wurde nie gebaut.

Aus dem prachtvollen Erdgeschoss mit seinen roten Marmorsäulen und den flächendeckenden Stuckverzierungen und Fresken führt ein prächtiges Treppenhaus ins Obergeschoss. Hier befindet sich die Barockgalerie, Deutschlands bedeutendste Sammlung barocker Gemälde. Die Decke des Saales ist geschmückt mit eindrucksvollen Gemälden von Jacopo Amigoni, die Szenen aus der Geschichte der Wittelsbacher darstellen und den Raum nur leicht verdunkeln. Die wunderbaren Sommerkonzerte in Schleißheim werden in diesem Saal gegeben.

Die gepflegte Gartenanlage im französischen Stil bildet den passenden idyllischen Rahmen für die Schlösser. Arabesken aus verschiedensten Blumen und bunten Natursteinen, geometrisch geschnittene Hecken und Kanäle mit Kaskaden prägen das Bild. Sie wurden 1715 nach Plänen von Joseph Effner und Dominique Girard gestaltet.

Im Park befindet sich auch das Gartenschloss Lustheim, das der Kurfürst seiner Gemahlin Maria Antonia als Hochzeitsgeschenk erbauen ließ. Heute beherbergen die hellen und fein verzierten Räumlichkeiten eine der schönsten Porzellansammlungen Europas, die Meißner-Porzellansammlung, die hervorragend mit der barocken Innenausstattung des Schlösschens harmoniert.

73 *Scagliola-Verzierungen und Stuckmarmor schmücken die Kammerkapelle des Neuen Schlosses. Der Rahmen aus vergoldetem Stuckdekor in der Mitte der Decke bildet die Öffnung zu einem höher gelegenen Deckenniveau.*

74 *Das große Audienzzimmer ist mit kostbaren Wirkteppichen aus Seide behangen, auf denen Kampfszenen dargestellt sind. Die vergoldeten Holzmöbel sind mit Schnitzereien verziert und die Porzellanvasen stammen aus der Nymphenburger Manufaktur.*

75–78 *Die Frontansicht des Neuen Schlosses hebt sich wunderschön gegen den klaren bayerischen Himmel ab. Die wertvolle Einrichtung und die Kunstgalerie mit Werken aus dem 16. bis 18. Jahrhundert vermitteln einen Eindruck vom höfischen Leben dieser Zeit.*

79 *Auch in Schleißheim wurde dem Vorbild des Sonnenkönigs folgend, der die erste und letzte Audienz des Tages in seinem Schlafzimmer abhielt, ein Paradeschlafzimmer eingerichtet. Der Alkoven ist mit rotem Seidensamt und Silberbrokat verkleidet.*

SCHLOSS NYMPHENBURG

Das prächtige Schloss Nymphenburg vor den Toren Münchens diente dem bayerischen Königshaus bis 1918 als Sommerresidenz. Die ausgedehnte Anlage, deren auffälligstes Merkmal die streng symmetrische Anordnung einer Vielzahl einzelner Gebäude ist, ist das Ergebnis verschiedener Bauphasen. Seine über Jahrhunderte dauernde Entwicklungsgeschichte verdankt das Parkschloss der schöpferischen Kraft vier Wittelsbacher Generationen. Der älteste Teil des Schlosses, der fünfgeschossige Mittelpavillon, wurde 1664 von Kurfürst Ferdinand Maria erbaut, nachdem seine Gemahlin, Adelaide von Savoyen, nach zehn Jahren endlich den lang ersehnten Kronerben geboren hatte. Die Entwürfe für das aufwändige Gebäude stammten von dem italienischen Architekten Agostino Barelli. Später wurde der Zentralbau des Schlosses und die beiden herrlichen Treppenaufgänge in den Eingangsbereichen von Enrico Zuccalli überarbeitet. Adelaides Sohn Max Emanuel erbte Schloss Nymphenburg und 1716 wurden nach Plänen von Joseph Effner schließlich die Erweiterungen vorgenommen, die dem Schloss sein heutiges Aussehen verleihen: zwei seitlich angeordnete Villen im italienischen Stil, die mit den beiden Seitenflügeln des Hauptgebäudes verbunden sind, die Stallungen, die Kaskade im Park sowie die Pavillons Badenburg, Pagodenburg und Magdalenenklause. Während der Regierungszeit von Karl Albrecht VII. wurden die kleinen Pavillons für den Hofadel in einem halbkreisförmigen Rondell um den künstlich angelegten See im Park gegenüber dem Schloss erbaut. Im Park befindet sich auch das wun-

80 oben *Dieses Bild zeigt einen Ausschnitt der Fassade des Zentralbaus von Schloss Nymphenburg, die unter Kurfürst Max Emanuel mit Verzierungen im Stile des französischen Spätbarocks neu gestaltet wurde.*

80 unten *Blick auf die Rondellbauten – Effners Entwurf vergrößerte das Parkschloss durch den Bau eines ausgedehnten halbkreisförmigen Cour d'honneur gegenüber dem Hauptgebäude. Er war für die kurfürstlichen Stallungen und die Wohnungen des Hofadels vorgesehen. Für die Verwirklichung des Entwurfs trug der unter Karl Albrecht arbeitende Cuvilliés die Verantwortung.*

80–81 *Der fünfgeschossige Zentralbau ist der älteste Teil von Schloss Nymphenburg. Das ehemalige Sommerhaus wurde 1664 von Adelaide von Savoyen, der Gemahlin von Kurfürst Ferdinand Maria, erbaut. Die romantische Fürstin widmete den Bau der Nymphe Flora als einen Ort naturnaher Erholung.*

81 oben *Die Magdalenenklause wurde absichtlich als teilweise ruinöser Bau in vorgetäuschter Dürftigkeit errichtet, denn sie war als Imitation von Eremitenzellen gedacht. Die Klause steht mitten im Park als Zeichen für den Wunsch in der Einsamkeit Zuflucht zu nehmen und sich vom höfischen Leben zurückzuziehen.*

82 und 82–83 Die klassische Kunst und schöne Frauen waren die beiden großen Leidenschaften von Ludwig I., dem Großvater von Ludwig II. Als Huldigung für die Frauen in seinem Leben beauftragte der König Josef Stieler sie in 36 wunderbaren Porträts zu verewigen. Diese Bilder werden in der Schönheitsgalerie ausgestellt. Die hier abgebildeten Porträts zeigen folgende Frauen: Lady Theresa Spencer (links oben), Caroline von Holstein (links unten), Marie von Preußen, Mutter von Ludwig II. (rechts oben), Helene Sedelmayer, Tochter eines Schuhmachermeisters (rechts Mitte), die berühmte Tänzerin Lola Montez (rechts unten) und Sophie von Österreich, die Halbschwester von Ludwig I.

derschöne Jagdschlösschen Amalienburg, das der Kurfürst zu Ehren seiner Frau Amalie errichten ließ. Hier sind besonders die Stuckverzierungen von Johann Baptist Zimmermann und die Holzschnitzereien von Joachim Dietrich hervorzuheben. Maximilian III. Joseph konnte Nymphenburg noch weiter verschönern. Dabei griff er ebenfalls auf die bewährten Talente Zimmermanns und des inzwischen älteren Cuvilliés zurück und verlieh dem Steinernen Saal jene prunkvolle Atmosphäre, die auch heute noch die Besucher der Sommerkonzerte auf Nymphenburg beeindruckt. Ein weiterer faszinierender Raum des Schlosses beinhaltet die außergewöhnliche Schönheitsgalerie von Ludwig I. Es handelt sich um eine Sammlung von 36 Porträts der schönsten Frauen seiner Zeit, die Josef Stieler im Auftrag des Königs malte. Ebenso wie sein Sohn und sein Enkel hatte auch Ludwig I. einen ausgeprägten Sinn für Schönes, und ebenso wie bei seinem Enkel führte diese Liebe zur Schönheit schließlich zum Verlust seiner Regentschaft. Während Ludwig II. wegen seiner Schlösser mit dem Kabinett in Kämpfen lag, waren es bei Ludwig I. die Schönheiten aus seiner Galerie, die ihm Regierungsprobleme bescherten. Lola Montez, eine Tänzerin bürgerlicher Herkunft, war vielleicht nicht die schönste der porträtierten Frauen, mit Sicherheit aber die intelligenteste. Sie gewann so großen politischen und persönlichen Einfluss auf den König, dass seine Regierung ihn aufforderte sie zu verbannen. Daraufhin fiel Ludwig I. in eine tiefe Depression und dankte im Jahre 1848 ab.

83 oben links *Dieser Festsaal, der Steinerne Saal, verdankt seine herrliche Wirkung Effners gekonnter Raumaufteilung: die großen Wandflächen werden durch Säulen aufgelockert, die das annähernd quadratische Deckengewölbe tragen. In der Regierungszeit von Maximilian Joseph III. unterteilte Cuvilliés den zur Parkseite gewandten Teil des Saales in zwei Geschosse. Die Fresken wurden von dem bereits 76-jährigen Johann Baptist Zimmermann gefertigt.*

83 oben rechts *Die Schönheitsgalerie befindet sich im ehemaligen kleinen Speisesaal, der zu den Räumlichkeiten von Königin Caroline, der Gemahlin von Max Joseph I., gehörte. Die Galerie umfasst nicht nur Porträts adliger Frauen, sondern von Frauen aller sozialen Schichten, sofern sie sich durch ihre besondere Anziehungskraft auszeichneten.*

__84 oben__ Als der Landschaftsarchitekt Friedrich Ludwig von Schell 1769 im Park nahe der Badenburg Renovierungsarbeiten vornahm, legte er den Badenburgsee – einen kleinen See mit einem Monopteros – an.

__84 Mitte__ Die einzigartige Badenburg wurde von Effner als kleiner Badepavillon für Max Emanuel gebaut. Das Foto zeigt einen Blick in den Bankettsaal, dessen Verzierungen sich vorwiegend mit dem Thema Wasser beschäftigen. Die Fresken stammen von Jacopo Amigoni und sind die einzigen, die der italienische Künstler auf Nymphenburg geschaffen hat. Er war in erster Linie für die Deckenfresken im Schleißheimer Schloss zuständig.

__84 unten__ Badenburg besteht aus drei großen Räumen (abgesehen von dem kleinen Bad und der Küche im Keller): dem Bankettsaal, dem Schlafzimmer und dem Baderaum, bei dem es sich tatsächlich um einen zwar eher kleinen, aber kostbar ausgestatteten Swimmingpool handelt, der sich über zwei Geschosse erstreckt.

__84–85__ Das anmutige Schlösschen Amalienburg ist ein weiteres herausragendes Werk von Cuvilliés. Das Gebäude wurde zwischen 1734 und 1739 als kleines Jagdschlösschen für Kurfürstin Amalie im Landschaftsgarten errichtet. Bemerkenswert ist vor allem die künstlerische Wirkung der Innenausstattung, die besonders auf der gelungenen Raumfolge und den üppigen Verzierungen beruht.

__85 oben links__ Der Spiegelsaal von Amalienburg bildet die Krönung der Innenausstattungen von Nymphenburg. Die Stuckaturen stammen von Zimmermann und sind silbern eingefärbt. Das vollendete Farbenspiel von Silber und Blau wiederholt sich endlos in der raffinierten Anordnung der Spiegel.

__85 oben rechts__ Auch die Küche von Amalienburg ist ein Kunstwerk für sich: Die Wände sind vollständig mit weißen, blauen oder leuchtend bunten holländischen Kacheln bedeckt, die sich zu Motiven herrlicher Blumenvasen zusammenfügen oder Szenen aus dem chinesischen Alltag darstellen.

86 und 87 oben links *Das Marstallmuseum, das in einem südlichen Anbau der Nymphenburger Schlossanlage untergebracht ist, beherbergt die eindrucksvolle Sammlung Wittelsbacher Prunkwagen. Zu den schönsten Stücken zählen die Kutschen und Schlitten von Ludwig II. Hier findet sich auch die großartige Kutsche, die der König für seine Hochzeit mit Sophie, Sissis Schwester, bauen ließ; die Hochzeit wurde allerdings abgesagt und die Kutsche kam nie zum Einsatz.*

87 oben rechts
Den Gesellschaftsraum der Pagodenburg umfängt eine entspannte Atmosphäre. Die Wände sind mit weiß-blauen holländischen Kacheln verziert, dasselbe Farbschema wiederholt sich auch in den Deckengemälden, den Möbeln und dem Bodenbelag.

87 Mitte rechts
Die Pavillons der fürstlichen Sommerresidenz sollten als Rückzugsmöglichkeiten vom höfischen Trubel dienen und gleichzeitig die exotische Stimmung ferner Länder vermitteln. Äußerlich wirkt die Pagodenburg schlicht, fast streng, die Innenausstattung jedoch ist üppig und exklusiv.

87 unten rechts
Die drei Räume im Obergeschoss der Pagodenburg sind mit fernöstlichen Motiven verziert. Das Bild zeigt einen der chinesischen Räume mit Vertäfelungen in schwarzer Lackmalerei sowie bemaltem Seiden- und Reispapier.

DIE ANSBACHER RESIDENZ

Ansbach, die Hauptstadt des Regierungsbezirks Mittelfranken, liegt nahe der Landesgrenze zu Baden-Württemberg und ist eine Perle des Barock und des Rokoko. Die Stadt entwickelte sich um das von St. Gumbert 748 gegründete Benediktinerkloster. 1331 fiel Ansbach an die Burggrafen von Nürnberg und damit an die Hohenzollern, die so ihr Herrschaftsgebiet Ansbach–Bayreuth ausdehnen konnten. Kurze Zeit später wurde die Stadt zum Wohnsitz einer Linie des Herrschergeschlechts auserkoren und eine Wasserburg als Residenz der Markgrafen von Brandenburg-Ansbach errichtet. Zahlreiche Umbaumaßnahmen veränderten das Gebäude stetig, bis man sich schließlich entschloss, eine völlig neue Residenz zu bauen.

Im Jahr 1705 wurde der Architekt Gabriel de Gabrieli eingestellt, aber bereits zehn Jahre später musste er das unvollendete Projekt wieder abgeben. Leopoldo Retti aus Como übernahm schließlich 1730 die Bauleitung und konnte die Residenz 1738 fertig stellen.

Als der Markgraf gestorben war, oblag es seiner Witwe, den ehrgeizigen Bau zu vollenden. Sie erweiterte den ursprünglichen Entwurf und schuf die Parkanlage, den Hofgarten, in dem sie zum Andenken an ihren Mann zwei Lindenalleen in Form eines Kreuzes anlegen ließ. Die berühmte Ansbacher Orangerie befindet sich am Eingang zum Hofgarten und wird heute als Konzertsaal genutzt. Sie wurde 1726 nach dem Vorbild zweier Meisterwerke der französischen Architektur erbaut. Die dem Hofgarten zugewandte Seite wurde dem Grand Trianon von Versailles nachempfunden, während man für die andere Seite die Kolonnaden des Louvre zur Vorlage nahm.

Der Hofgarten war auch Schauplatz einer ungeklärten, traurigen Geschichte auf deren genauen Tatort noch heute ein Steinpfeiler verweist: 1833 wurde hier der geheimnisvolle Kaspar Hauser ohne offensichtlichen Grund erstochen.

Die Innenausstattung der Ansbacher Residenz ist mit ihren zarten Formen und Farben im Stil des frühen Rokoko gehalten. Der mit Stuckdekor und Fresken von Diego und Carlo Carlone verzierte Festsaal ist atemberaubend schön.

88 oben *Die vornehme Fassade der Ansbacher Residenz ist das Werk von Gabriel de Gabrieli und Leopoldo Retti. Sie wird gekrönt von einer mit Statuen besetzten Balustrade.*

88 unten *Jeder wichtige Adelssitz jener Zeit musste einen prunkvoll ausgestatteten Spiegelsaal vorweisen. Das Spiegelkabinett der Ansbacher Residenz wurde 1739 von J. C. Wezler entworfen. Entsprechend dem barocken Zeitgeschmack dominieren Gold und Porzellan.*

88–89 *Der Hofgarten liegt südwestlich der Residenz. Am Eingang befindet sich die große Orangerie, die dem Versailler Grand Trianon nachempfunden ist. Das Gebäude ist über 100 Meter lang und wird heute als Konzertsaal genutzt.*

89 oben *Einer der beeindruckendsten Räume der Residenz ist der Festsaal, der 1737 von Leopoldo Retti entworfen wurde. Diego Carlone, einer der bedeutendsten Bildhauer jener Zeit, schuf die raffinierten Stuckarbeiten. Die 250 Quadratmeter große Decke des zweigeschossigen Saales schmückt ein allegorisches Fresko von Carlo Carlone, das Markgraf Wilhelm Friedrich in kunstgeschichtlich üblicher Weise als großen Regenten verherrlicht.*

90 oben *Mitten auf dem großen Platz vor dem Eingangsbereich der Residenz steht der Frankenbrunnen mit Figuren bedeutender Männer der Region, darunter auch der Bildhauer Tilman Riemenschneider (rechts) und Matthias Grünewald, ein Maler, Baumeister und Wasserkunstmacher (links).*

DIE WÜRZBURGER RESIDENZ

90–91 *Die fürstbischöfliche Residenz wurde zwischen 1719 und 1744 nach Entwürfen von Balthasar Neumann und unter Mitwirkung von Lukas von Hildebrandt aus Wien und M. V. Welsch aus Mainz erbaut. Die prachtvolle Schlossanlage besteht aus einem Zentralbau und zwei Seitenflügeln und gilt als Meisterwerk des deutschen Barock.*

Die schöne Stadt Würzburg liegt in herrlicher Lage am Main und wird von Weinbergen umgeben, die bis an den Rand des Stadtzentrums reichen. Das vornehme, vom 18. Jahrhundert geprägte Erscheinungsbild der Stadt blieb trotz der Zerstörungen des Zweiten Weltkriegs erhalten. Die Perle Würzburgs ist die im östlichen Teil der Stadt gelegene Residenz, das schönste Barockschloss in ganz Deutschland.

1720 entschied der Fürstbischof Johann Philipp von Schönborn, dass es an der Zeit war, ein größeres und moderneres Schloss zu bauen als die gewaltige Feste Marienberg, die sich auf dem gleichnamigen Berg erhob. Zu dieser Zeit war es nicht mehr nötig in einer befestigten Anlage zu wohnen. Außerdem erlebte die Stadt nach dem Dreißigjährigen Krieg eine Phase wirtschaftlichen Wachstums, die auch den dringenden Wunsch aufkommen ließ, wieder aufzubauen und neu zu gestalten.

Die Schönborns waren ein wohlhabendes und einflussreiches Adelsgeschlecht, aus dem mindestens zwölf Bischöfe hervorgingen, alle ausgestattet mit einer Leidenschaft für das Bauen und gesegnet mit einem ausgezeichneten Geschmack.

Johann Philipp bewies unglaubliche Weitsicht, als er Balthasar Neumann zu seinem Hauptarchitekten auswählte. Bis dahin hatte der junge Mann, der hauptberuflich Kanonen und Glocken goss, lediglich sein eigenes Haus entworfen, doch er sollte sich fortan zum größten deutschen Architekten seiner Zeit entwickeln. Dank Neumanns Genie konnte der Fürstbischof seinen Traum von einem Schloss, das alle anderen Schlösser übertreffen sollte, verwirk-

91 oben *Dieses Portät von Balthasar Neumann hängt im Mainfränkischen Museum auf der Feste Marienberg. Im Hintergrund ist sein Meisterwerk, die Residenz, zu erkennen. Der böhmische Architekt ist in Rüstung und an eine Kanone gelehnt abgebildet, denn Neumann war ursprünglich Kanonier im bischöflichen Artilleriekorps. Die Architektur war lediglich sein Hobby.*

91 unten *Die Insignien des Fürstbischofs umgeben von allegorischen Figuren aus Sandstein zieren den Haupteingang.*

92 oben *Seit 1922 werden im Schloss und im Hofgarten alljährlich im Juni anlässlich des Mozart-Fests Konzerte gegeben.*

92–93 *Blick auf den Hofgarten vor einem der Seitenflügel der Residenz. Weil Johann Philipp von Schönborn die unbequeme und kalte Feste Marienberg so schnell wie möglich verlassen wollte, wurde die Arbeit am neuen Schloss eilig vorangetrieben: Ständig waren mehr als 100 Arbeiter mit dem Bau beschäftigt.*

93 Wie bei allen fürstlichen Residenzen dieser Zeit war der Hofgarten besonders wichtig. Nach dem Vorbild französischer Barockgärten ist das Schloss umgeben von bunten Blumenbeeten, die durch bizarr geformte Büsche aufgelockert werden. Statuen pausbäckiger Putten und mythologischer Figuren aus der Werkstatt von Hofbildhauer Peter Wagner sind im Garten verteilt.

94–95 Die mit dem weltberühmten Fresko von Tiepolo bemalte selbsttragende Decke des großen Treppenhauses zeigt sich dem Besucher, wenn er die Treppe hinaufsteigt. Die Stabilität dieses Meisterwerkes angewandter Statik wurde bei den Bombenangriffen 1945 endgültig unter Beweis gestellt, als der übrige Teil der Residenz weitgehend zerstört wurde.

lichen und es entstand der phantastische Sandsteinbau der Würzburger Residenz. Ein halbes Jahrhundert später bezeichnete Napoleon den Bau als schönste Residenz Europas.
Zwei Besonderheiten von Neumanns Werk werden bereits beim Betreten des Vestibüls sichtbar: das Treppenhaus und die Decke – wahre Wunder angewandter Statik. Die Decke (18 x 32 Meter groß) überspannt den ganzen Bereich des großen Treppenhauses ohne die Stütze einer einzigen Säule. Alle waren sich sicher, dass die Decke einstürzen würde noch bevor sie fertig gestellt war und ein Konkurrent Neumanns erklärte sogar, er würde sich an ihr erhängen, falls sie standhalten sollte. Verärgert über derlei Gerede bat Neumann den Fürstbischof, die Konstruktion durch Abfeuern von Kanonen darunter zu testen. Es wurde aber kein Versuch durchgeführt.
Berühmt ist die Decke auch für ihr Gemälde, das größte noch erhaltene Fresko der Welt. Es ist das Werk des genialen italienischen Malers Gian Battista Tiepolo, der wie viele andere italienische Künstler seiner Zeit großzügig dafür bezahlt wurde, dass er den modernen Kunststil Italiens nach Deutschland brachte. Tiepolo brauchte drei Jahre, um mit der Unterstützung seiner beiden Söhne das Deckengemälde im Treppenhaus und die übrigen Fresken der Residenz zu malen.
Antonio Bossi, ebenfalls ein italienischer Künstler, erschuf das faszinierende Stuckdekor im Weißen Saal. Bereits am Rande des Wahnsinns verlieh Bossi seinen schöpferischen Vorstellungen in einzigartigen Formen Ausdruck, bevor er schließlich gänzlich seiner schweren Geisteskrankheit erlag. Das Weiß dieses Saales gönnt den Augen eine Ruhepause, bevor sie die üppige Farbenpracht und das Gold des Kaisersaales erblicken.
Neumanns einzigartiges Können zeigt sich auch in der Hofkirche, einem beeindruckenden Gebilde aus spiralförmigen Säulen, geschwungenen Balkonen und sich kreuzenden Deckenwölbungen, die ebenfalls mit Tiepolos Gemälden geschmückt sind.
Der herrliche barocke Hofgarten mit der Residenz im Hintergrund bildet alljährlich im Sommer die Kulisse für eine Reihe von Mozartkonzerten sowie für ein gut besuchtes Weinfest, bei dem die Weine aus dem Residenzkeller vorgestellt werden.

96 links *Dieses Bild zeigt das Audienzzimmer mit seinen großen Wandteppichen. In der Ecke ist ein sehr schöner Ofen aus Majolika zu sehen.*

96 oben rechts *Der Spiegelsaal wurde während des Zweiten Weltkriegs völlig zerstört, doch dank der sorgfältigen Arbeit hochspezialisierter Künstler konnte der Saal wieder vollständig hergestellt werden.*

96 unten rechts *Das Grüne Kabinett ist vollständig mit edlen Lackvertäfelungen im Stil des Rokoko ausgekleidet.*

97 *Antonio Bossi schuf die Stuckdekorationen für die Hofkirche, die sich durch eine Fülle von Säulen, Bögen und vergoldeten Verzierungen auszeichnet. Die Gemälde dieser kleinen, üppigen Barockkirche stammen von Tiepolo.*

98 und 98–99 *Die künstlerische Zusammenarbeit von Bossi und Tiepolo eröffnete bei der Gestaltung des Kaisersaales ganz neue Ausdrucksmöglichkeiten. Der Stuckateur ermöglichte es dem Maler seine Fresken plastisch zu gestalten: Hier faltet sich ein Vorhang wie auf einer Bühne, dort ragt ein Bein oder ein Kopf aus dem Bild heraus und der Unterschied zwischen Zwei- und Dreidimensionalität wird verwischt. Die Fresken an den Seitenwänden und der Decke stellen verschiedene Szenen dar, z. B. die Hochzeit Friedrich Barbarossas mit Beatrice von Burgund (unten links) oder den Bischof von Würzburg im Gespräch mit dem Herzog von Franken.*

99 oben *Das Vorzimmer des Kaisersaales ist mit bizarren Ornamenten und geschwungenen Rokokomotiven aus weißem Stuck geschmückt. Es war das letzte Werk Bossis, bevor er völlig seiner Geisteskrankheit verfiel. Das Zimmer wurde 1745 gerade rechtzeitig vor dem Besuch der Kaiserin Maria Theresia fertig gestellt.*

100–101 *Der Gartensaal erstreckt sich im Erdgeschoss als eine Art „Pufferzone", in der Erfrischungen serviert wurden oder sich die Musiker aufhielten. In den Stuckarbeiten versteckte Bossi kleine Spiegel, die bei Kerzenschein ein zauberhaftes und gleichzeitig geheimnisvolles Licht ausstrahlten. Die Fresken von Johann Zick beschäftigen sich mit dem Unterschied zwischen strenger Hofetikette und bäuerischer Ungezwungenheit. Das Hauptgemälde (unten links) zeigt das Festmahl der Götter.*

DIE NEUE RESIDENZ VON BAMBERG

102 oben links *Im Hof der Neuen Residenz befindet sich der Rosengarten mit den auffälligen Skulpturen von Ferdinand Tietz.*

102 oben rechts *Der Westflügel des Schlosses ist das Werk des Nürnberger Stadtbaumeisters Jakob Wolff. Die beiden dem Dom zugewandten Flügel baute Leonhard Dientzenhofer im Auftrag von Kurfürst Lothar Franz von Schönborn. Neumanns Plan für einen dritten Gebäudeflügel konnte wegen Geldmangel nach dem 2. Spanischen Erbfolgekrieg nicht umgesetzt werden.*

102–103 *Der Rosengarten – ein herrliches Meer leuchtender Farben und lieblicher Düfte.*

103 unten links *Im Barock war die Vorliebe für den Orient sehr ausgeprägt, deshalb tauchen bei der Innenausstattung immer wieder exotische Motive und Verzierungen auf. Ein Beispiel dafür ist diese Darstellung einer chinesischen Hochzeit auf dem großen Wandteppich.*

Wie in Rom, so zeigen sich auch in Bamberg die Merkmale der weltlichen Macht der Kirche in der Architektur. Auf dem Berg, der sich über dem Stadtzentrum erhebt, befinden sich auf einem Platz gleich zwei gegensätzliche Beispiele klerikaler Macht: Zum einen der Dom, das Gotteshaus, in seiner massiven, nüchternen Gestalt im gotischen Stil mit den vier Türmen, die sich förmlich in den Himmel bohren. Er verkörpert die Führungskraft der Kirche, die Aussicht auf Erlösung. Zum anderen, auf der gegenüberliegenden Seite des Platzes, zwischen Dom und Stadt, die herrliche Residenz, der Wohnsitz des Bischofs. Sie ist ein Zeichen der Selbstgefälligkeit und der weltlichen Interessen des Klerus.

Der im Renaissance-Stil gehaltene Westflügel der Residenz wurde zwischen 1605 und 1611 im Auftrag von Fürstbischof Johann Philipp von Gebsattel von dem Nürnberger Stadtbaumeister Jakob Wolff dem Älteren vollendet. Die beiden dem Dom zugewandten Barockflügel entstanden unter dem Mainzer Kurfürst Lothar Franz von Schönborn (1693–1729).

Von ihm heißt es, er sei einer der begnadetsten und leidenschaftlichsten Fürsten gewesen, die jemals den Bamberger Bischofssitz innehatten. In den ersten Jahren seiner Amtszeit musste der Bamberger Fürstbischof sein drängendes Verlangen, die Residenz im damals zeitgemäßen Stil zu erweitern und üppig auszustatten, zügeln, denn das Domkapitel hatte einen Beschluss gefasst, der es ihm ausdrücklich verbat, Gelder für neue Prunkbauten oder die Verschönerung bereits bestehender Schlösser zu verschwenden. Als er durch beständiges Drängen schließlich ein päpstliches Dekret erwirkt hatte, das ihn von dieser Beschränkung befreite, beauftragte er unverzüglich Leonhard Dientzenhofer mit der Planung einer neuen Residenz. So entstand innerhalb von sechs Jahren der Bau, den wir noch heute bewundern können.

Die Neue Residenz beherbergt heute die Staatsbibliothek mit ihrer außergewöhnlichen Sammlung von 4500 Handschriften, die bis ins 5. Jahrhundert zurückreichen, 3400 Inkunabeln und 70 000 Zeichnungen. Es werden Führungen durch die Prunksäle veranstaltet, die mit wunderschönen Möbeln, Porzellan und Teppichen ausgestattet sind. Eine Besonderheit ist der Kaisersaal, ein großer Raum mit verhältnismäßig niedriger Decke, bei der es Melchior Steidl gelungen ist, durch den Einsatz perspektivischer Fresken den Eindruck von Offenheit und Weite zu erwecken.

Eingerahmt von den Flügeln der Residenz liegt der Rosengarten. Er betört durch den Duft unzähliger Rosenvarietäten und die hoch aufragenden Figuren von Ferdinand Tietz wachen beständig über die alten Dächer der tiefergelegenen Stadt.

103 oben rechts *Zarte asiatische Verzierungen schmücken die Holzvertäfelungen im Chinesischen Saal der Neuen Residenz.*

103 unten rechts *Der Kaisersaal bildet den Mittelpunkt der Prachträume; es ist ein Saal mit eher niedriger Decke, in dem der Hofmaler Melchior Steidl durch perspektivische Deckengemälde den Eindruck größerer Höhe erzeugte.*

DIE BAYREUTHER EREMITAGE

104 links *Zu den großen Attraktionen der Eremitage gehört die Parkanlage. Sie wird als einer der schönsten englischen Landschaftsgärten in Deutschland angesehen. Wege und bunte Blumenbeete werden von auffälligen Springbrunnen unterbrochen.*

Bayreuth ist eine Stadt mittelalterlichen Ursprungs, obwohl die Bauten der Markgräfin Wilhelmine ihr ein vornehmes barockes Erscheinungsbild verliehen haben. Weltberühmt ist Bayreuth für das Markgräfliche Opernhaus (das schönste Geschenk der Markgräfin an die Stadt) und die Wagner-Festspiele. In der ganzen Stadt verstreut finden sich herrliche Schlösser und Kunstwerke, die Bayreuth zu einer der schönsten Städte Nordbayerns machen. Im Stadtzentrum befinden sich zwei Schlösser: das im Renaissance-Stil gehaltene Alte Schloss (16./17. Jahrhundert) und das prächtige Neue Schloss, das ebenfalls von dem gestalterischen Einfluss der Markgräfin geprägt ist. Das bekannteste und romantischste Schloss liegt jedoch zwischen Weizenfeldern und Wäldern vor den Toren der Stadt – die Eremitage.
Sie wurde Anfang des 18. Jahrhunderts von Markgraf Georg Wilhelm als Ort der Zurückgezogenheit und Enthaltsamkeit vom verschwenderischen Leben bei Hofe erbaut. Später schenkte sie der Bayreuther Thronfolger Friedrich seiner Gemahlin Wilhelmine. Die preußische Prinzessin war eine intelligente und energische Frau, die sowohl eine Begabung für Malerei als auch für Musik und Schriftstellerei besaß. Als Tochter Friedrich Wilhelms I. und Lieblingsschwester von Friedrich dem Großen hätte sie die zukünftige Königin Englands werden können, doch eine falsche politische Entscheidung ihres Vaters brachte sie schließlich nach Bayreuth, eine provinzielle und farblose Stadt in Franken. Nichtsdestotrotz ließ sich die junge Wilhelmine nicht entmutigen und beschloss, Bayreuth in ein strahlendes Zentrum der Künste zu verwandeln. Zu diesem Zwecke holte sie die größten Künstler und Kunsthandwerker ihrer Zeit nach Bayreuth. Die schlichte Eremitage wurde in eine wunderbare Sommerresidenz verwandelt, in die sich die Markgräfin mit ihren Künstlerfreunden zurückzog.
Das Rokkokoschlösschen diente als Kulisse für den Landschaftsgarten, auf den die Markgräfin ihre ganze schöpferische Kraft konzentrierte. Die Gartenanlage der Eremitage hatte schon aufgrund ihrer Konzeption in Bayern Berühmtheit erlangt, denn sie war für ihre Zeit geradezu avantgardistisch. Angeregt durch die bühnenartige Wirkung, die sich aus der Lage des Gartens ergab, nahm Wilhelmine einige Veränderungen vor, um ihre Vorstellungen bei der „Inszenierung" der Gartenanlage umzusetzen. So ließ sie zahlreiche Statuen und künstliche Ruinen errichten, zu deren auffallendsten das Ruinentheater zählt. Wilhelmine selbst und ihr Freund Voltaire traten auf dieser Bühne in „Bajazet", einer Tragödie des französischen Dramatikers Racine, auf.
Das Neue Schloss der Eremitage bestätigt den Eindruck, dass die Gebäude als üppige Kulisse für die Gartenanlage dienen sollten. In der Mitte der beiden im Halbkreis angeordneten Seitenflügel steht der Sonnentempel. Seine außergewöhnliche Oberfläche aus bunten Glasfragmenten sowie blauen und grünen Steinen ist einzigartig. Die goldene Apollo-Statue auf dem Kuppeldach des Tempels mit den vier Pferden, die den Sonnenwagen ziehen, bildet den krönenden Abschluss des Tempels und unterstreicht das Glitzern der Fassade noch zusätzlich.

104 rechts *Der Sonnentempel mit dem vergoldeten, von vier Pferden gezogenen Wagen des Apollo auf dem Kuppeldach bildet den Mittelpunkt des Neuen Schlosses. In den zwei halbkreisförmigen Flügeln schließt sich die Orangerie an. Die Außenfassade der Eremitage ist mit Glasfragmenten und bunten Steinen verziert – eine ungewöhnliche Technik, die nur selten für Außenfassaden verwendet wurde.*

104–105 *Das Alte Schloss der Eremitage wurde von Markgraf Georg Wilhelm erbaut. Markgräfin Wilhelmine erhielt das vierflügelige Gebäude später als Geschenk und ließ zwei weitere Flügel anfügen. Außerdem wurde unter ihrer Regie die Innenausstattung neu gestaltet.*

105 oben *Das Japanische Zimmer in der Eremitage ist üppig ausgestattet und strahlt dennoch private Atmosphäre aus. Einige der Reliefbilder aus Email stammen aus dem Fernen Osten und sind Geschenke von Friedrich dem Großen. Andere Emailarbeiten beruhen auf Ideen der Markgräfin Wilhelmine und wurden unter ihrer Mitwirkung fertig gestellt.*

106 oben links *In der gotischen Kapelle befindet sich immer noch die originale Innenausstattung. Der überreich verzierte Altar von Junker wurde 1614 fertig gestellt und zählt heute zu den kostbarsten Reliefarbeiten jener Zeit.*

106 oben rechts *Das Schlafzimmer ist deutlich im neoklassizistischen Stil gehalten. Die Verkleidungen an Wand und Bett sowie der Betthimmel sind aus rosafarbener Seide gearbeitet und mit Goldfaden bestickt.*

SCHLOSS JOHANNISBURG IN ASCHAFFENBURG

Im westlichsten Winkel Bayerns, im Spessart, liegt die Stadt Aschaffenburg am Main. Im Gegensatz zum freundlichen und natürlichen Landschaftsbild der Umgebung präsentiert sich die Stadt entlang des Flusses in einer Reihe gewaltiger Steinfassaden. Die eindrucksvollste dieser Fassaden gehört zum Schloss Johannisburg. Es ist ein Vermächtnis der ungeheuren weltlichen Macht, die die Fürstbischöfe von Mainz in ihrer Herrschaftszeit vom 10. bis zum frühen 19. Jahrhundert hier ausübten.

Bevor Johann Schweikard von Kronberg zum Erzbischof und Kurfürst von Mainz ernannt wurde, musste er schwören, dass er die durch den Markgraf von Kulmbach zerstörte Burg von Aschaffenburg wieder aufbauen würde. So entstand zwischen 1604 und 1614 nach Plänen von Georg Ridinger das Renaissanceschloss, das dem Erzbischof als zweite Residenz diente. Seiner Zeit gemäß verlangte Schweikard nach einer Größe und Pracht, die seiner Position als Kurfürst des Heiligen Römischen Reiches angemessen war. Aus diesem Grund baute er ein beeindruckendes Schloss aus rotem Sandstein, das aus vier Flügeln mit einem mächtigen Turm auf jeder Ecke bestand und bezahlte dafür circa 45 Millionen Mark nach heutigem Wert.

Schloss Johannisburg ist sowohl eines der bedeutendsten Werke deutscher Renaissance als auch eines der größten Schlösser in Deutschland, die je an einem Stück und nach der Vorgabe eines einzigen Entwurfes erbaut wurden. Es gilt als großartiges Frühwerk der für die Neuzeit typischen Architektur staatlicher Schlösser.

106–107 *Die beeindruckende Fassade von Schloss Johannisburg spiegelt sich in den sanften Wogen des Main – das Schloss ist ein Zeugnis der enormen weltlichen Macht, die die Fürstbischöfe von Mainz in ihrer Regierungszeit vom 10. bis zum 19. Jahrhundert hier ausübten.*

107 oben *Diese Darstellung des Titusbogen gehört zu einer Sammlung kleiner Korkmodelle, die auf Schloss Johannisburg ausgestellt werden.*

107 unten *Das Innere der herrlichen Residenz ist neoklassizistisch eingerichtet mit interessanten Möbeln aus dem späten 18. Jahrhundert.*

RESIDENZ-SCHLOSS EHRENBURG

108 oben links *Ansicht eines der beiden Seitenpavillons.*

108 oben rechts *Der Haupteingang von Schloss Ehrenburg führt zum Ehrenhof. Die drei Gebäudeflügel, die den Hof bilden, stammen aus dem späten 17. Jahrhundert und wurden als Barockbauten errichtet. Die Fassade dagegen erfuhr Anfang des 19. Jahrhunderts eine Überarbeitung im neugotischen englischen Stil.*

108–109 *Der phantastische Festsaal wurde zu Zeiten Herzog Albrechts gestaltet und ist fast vollständig mit den außergewöhnlichen Stuckdekorationen von Carlo Domenico und Bartolomeo Lucchese bedeckt. Wegen seiner 28 Atlasfiguren, die scheinbar die Decke stützen, ist der Saal auch als „Riesensaal" bekannt. Jede der Figuren hält in einem Arm einen Kandelaber und hat den zweiten Arm nach oben gehoben, um die Decke zu stützen.*

Coburg ist Verwaltungssitz des Landkreises Coburg und liegt zwischen den Bergen Oberfrankens und den letzten Ausläufern des Thüringer Waldes. Das wunderschöne historische Geschäftsviertel der Stadt strahlt auch heute noch die vornehme Eleganz aus, von der es bis ins letzte Jahrhundert bestimmt war. Auf dem weitläufigen Schlossplatz, zwischen dessen Blumenbeeten im Sommer großartige Konzerte gegeben werden, befindet sich das Schloss Ehrenburg – herzoglicher Palast und Residenz des Herrschergeschlechts von Sachsen-Coburg-Gotha. Die mächtige Adelsfamilie hatte verwandtschaftliche Verbindungen zu Königshäusern in ganz Europa. Albert, der geliebte Prinzgemahl von Königin Viktoria von England, deren Nachkommen auch heute noch den britischen Thron innehaben, stammte ebenfalls von dieser Familie ab. Königin Viktoria war selbst häufig Gast auf Ehrenburg und führte dort etwas ein, das zur damaligen Zeit als absolute Neuheit und vollkommener Luxus galt und das heute neben den beeindruckenden Reichtümern der Residenz zu den größten Besucherattraktionen gehört: Deutschlands erstes Klosett mit Wasserspülung. Die Königin hatte sich in England an diesen Komfort bereits gewöhnt und war nicht mehr bereit, während ihrer langen Aufenthalte in Coburg darauf zu verzichten.

Die Außenfassade von Schloss Ehrenburg ist neugotisch, was in erster Linie auf die letzten Umbaumaßnahmen aus dem Jahr 1811 zurückzuführen ist. Die ursprüngliche Gebäudeanlage wurde jedoch bereits 1543 auf Anordnung von Herzog Johann Ernst an der Stelle eines Klosters aus dem 13. Jahrhundert errichtet. Damals gehörte der Herzog zu den ersten Regenten nördlich der Alpen, die einen sichereren, aber zweifellos primitiveren befestigten Wohnsitz auf einem Berg zugunsten einer bequemeren und vornehmeren Residenz im Zentrum der Stadt aufgaben.

Nach dem Dreißigjährigen Krieg, in dem Coburg von feindlichen Truppen besetzt war, stand das Schloss fast ein halbes Jahrhundert leer. 1680 bezog Herzog Albrecht die Residenz und ließ sie wieder in Stand setzen beziehungsweise nach den barocken Vorstellungen seiner Zeit umgestalten. Er ist auch verantwortlich für den pompösen Riesensaal, der seine künstlerische Bedeutung seinen meisterhaften Stuckdekorationen verdankt.

Auch der Neoklassizismus hinterließ deutliche Spuren auf Ehrenburg. Viele Säle wurden unter Herzog Ernst I. (1806–1844) neu gestaltet und der größte Teil der Rokoko- und Barockmöbel gegen Einrichtungsgegenstände, Bronzen und Uhren, die extra aus Paris beschafft wurden, ausgetauscht.

Die Einrichtung der Räume ist heute noch nahezu unverändert erhalten geblieben, dies gilt sogar für die Familienfotos von Königin Viktoria auf den Tischen. Und darin liegt eine der Hauptattraktionen des Schlosses: In seinen weniger vornehmen und eher privaten Räumen wirkt die Residenz immer noch bewohnt und ermöglicht damit den seltenen Blick in eine Welt, die der Öffentlichkeit normalerweise vorenthalten bleibt.

109 *Zu den Porträts des Coburger Adels im Familiensaal gehört auch ein Porträt von Prinz Albert, der seine Cousine Viktoria, die Königin von England, heiratete. Als er im Alter von nur 42 Jahren starb, war die Königin so tief getroffen, dass sie bis zu ihrem Tode (sie regierte 54 Jahre lang) immer um den geliebten Gemahl trauerte.*

WEHRHAFTE BURGEN – DIE STÄRKEN DES MITTELALTERS

110 oben *Auf einem steil abfallenden Felsen aus Dolomitgestein steht die Burg Pottenstein. Sie bot im Jahre 1277 der Heiligen Elisabeth Zuflucht, als sie nach dem Tod ihres Gemahls aus Thüringen fliehen musste. Im 18. Jahrhundert war die Festung bereits zu einer Ruine verfallen, doch ein Apotheker aus Nürnberg verhinderte schließlich ihre völlige Zerstörung.*

Durch seine Lage im Herzen Europas entwickelte sich Bayern zu einer oft durchquerten Region – manchmal in der Absicht Handel zu betreiben, aber viel häufiger anlässlich von Eroberungszügen.

Schon in der Antike wurden einfache Befestigungen aus Holz und Erde errichtet, um die Bevölkerung zu schützen. Als die Römer das heutige Gebiet der Bayern eroberten, bauten sie ihre steinernen Festungen häufig auf den Ruinen der primitiven Befestigungen, die sie selbst zuvor bezwungen hatten.

Im Laufe der Jahrhunderte dehnte sich das bayerische Territorium immer weiter aus, wurde zunehmend reicher und immer verlockender für die benachbarten Völker.

In ganz Europa erblühte der Handel, wichtige Handelswege wie die Salzstraße und die Eisenstraße überquerten die Grenzen. Zahlreiche Burgen entstanden, um Städte, Flüsse und Täler zu schützen und die Handelswege zu verteidigen.

In bergigen Regionen wurden die Burgen auf felsigen Höhen in zum Teil unglaublichen Positionen errichtet und manchmal wirken sie fast wie aus Stein gemeißelt. Schon ihre Lage war ausreichend, um auch den entschlossensten Angreifer von seinem Vorhaben abzubringen. Die Burgen der Bergregionen sind wahrhaftig schützende Zitadellen, oftmals umgeben von mehreren Ringmauern. Von Ferne sehen sie aus wie riesige Überseedampfer, die auf einem grünen Meer dahintreiben.

In der Ebene bestand – neben dem kräftigen Mauerwerk – die einzige weitere Verteidigungsmöglichkeit darin, die Burg mit Wasser zu umgeben. Dazu mussten die natürlichen Gegebenheiten der Landschaft genutzt werden. So kommt es, dass viele der Festungen und Bastionen, die wir heute so romantisch finden, sich in Seen, Flüssen, Teichen und breiten Wassergräben spiegeln.

Wo sie auch gebaut worden sind und wie sehr sich ihr Äußeres auch unterscheiden mag, die Festungsbauten weisen viele Gemeinsamkeiten auf, denn sie wurden alle zu Verteidigungszwecken entworfen. Charakteristisch sind die Schutzmauern, Beobachtungstürme, Schießscharten, hinter denen die Verteidiger sicher waren, gewaltige Tore mit Zugbrücken, Wachtürme mit Alarmglocken, Brunnen und Getreidespeicher, um Belagerungen zu überstehen, sowie der Wohnbereich für den Adel und seinen Hof, der zwar etwas bequemer war als die übrigen Räumlichkeiten, aber dennoch sehr schlicht und beengt. Auch der Platzmangel ist eine weitere Gemeinsamkeit dieser Festungen, die in Kriegszeiten für die Mehrheit der Bevölkerung zur Zufluchtsstätte wurden.

Als gegen Ende des Mittelalters aufgrund verbesserter Angriffswaffen die Befestigungsanlagen unwirksam wurden und der Adel zudem die Vorzüge von Bequemlichkeit und Luxus neu entdeckte, wurden die Burgen verlassen. Viele zerfielen zu Ruinen, aber viele wurden auch wieder entdeckt und restauriert: Die größten Burgen dienen heute als Museen. Die kleineren wurden von Privatpersonen erworben, die sie nicht nur als Wohnsitze ausbauten, sondern auch schöne Wirtsstuben, gemütliche Restaurants oder kleine Privatmuseen einrichteten.

110 unten *Der Besuch der Festung Rosenburg in der Nähe von Riedenburg an der Grenze zwischen Niederbayern und der Oberpfalz ist wie eine Reise in die Vergangenheit. Im Burghof wird den Besuchern eine außergewöhnliche Vorführung geboten: Vogeltrainer in alten Kostümen demonstrieren mit ihren Greifvögeln die Beizjagd. Die Zuschauer werden in die Vergangenheit zurückversetzt, wenn sie den Gleitflug der Vögel über das wunderschöne Altmühltal beobachten.*

110–111 ***Der hohe, schlanke Bergfried von Burg Veldenstein ist das Wahrzeichen von Neuhaus a. d. Pegnitz, einem kleinen Ort in der Hersbrucker Schweiz. Im Jahr 1007 eroberte Heinrich II. die damals bedeutende Handelsstadt am südlichen Rand des dichten Veldensteiner Waldes für seine neue Diözese Bamberg.***

111 oben *Die Veste Niederhaus ist durch einen langen Wehrgang mit der Veste Oberhaus verbunden. Von dort bietet sich ein wunderbarer Blick auf Passau und den farbenprächtigen Zusammenfluss der drei Flüsse, die die Stadt umgeben: die Donau, der Inn und die Ilz.*

112–113 *Die bezaubernde kleine Stadt Füssen hat eine beeindruckende Festung mit betürmtem Schutzwall und Toren, die als „Hohes Schloss“ bekannt ist und auf ein römisches Kastell aus dem 4. Jahrhundert zurückgeführt werden kann. Die eigentliche Festung wurde 1219 errichtet und in den folgenden Jahrhunderten mehrfach umgebaut.*

Napoleon niedergerissen, damit es nie mehr zur Verteidigung gegen ihn

ihrer historischen Hochzeit statt. Der fünfte Hof wird von einem langen

großen Grünfläche des offenen sechsten Hofes.

114–115 *Das Stadtbild von Burghausen ist von der vor-*

114 oben *Um die Verteidigungskraft der Anlage zu stär-*

DIE WILLIBALDSBURG

120 *In der Willibaldsburg befindet sich das Jura-Museum, das ein lebendiges Bild des prähistorischen Lebens in dieser Region Bayerns vermittelt. Die große Fossiliensammlung von Funden aus der Umgebung beinhaltet unter anderem auch einen sehr großen Fisch (oben) und ein seltenes, vollständiges Exemplar des Urvogels Archaeopteryx (unten), der als Bindeglied zwischen Reptilien und Vögeln angesehen wird.*

120–121 *Der wehrhafte Charakter der Willibaldsburg machte die Festung zu einem uneinnehmbaren Bollwerk, von dem aus die tiefer gelegene Barockstadt Eichstätt, die Altmühl und die Handelsstraße verteidigt werden konnten. In ihrer Blütezeit zählte die Festung zu den prachtvollsten Schlössern Deutschlands.*

Eichstätt gilt als ein kleines Juwel barocker Baukunst und liegt im Herzen des Naturparks Altmühltal. Das Tal, das von der Altmühl durchflossen wird, bietet eine Fülle atemberaubender Landschaften und Baukunstwerke von unschätzbarem Wert. Über der Stadt erhebt eine der bedeutendsten Festungen des ganzen Tales. Im Jahr 1393 wurde die große Festungsanlage mit ihren eckigen Türmen im Auftrag von Bischof Berthold von Eichstätt auf einem steilen Bergrücken errichtet und bis 1780 als Bischofsresidenz genutzt.

1609 wurde der bekannte Baumeister Elias Holl, der auch das Augsburger Rathaus entworfen hatte, damit beauftragt den beeindruckenden Gemmingenbau zu errichten. In dem Fürstenbau ist heute das Jura-Museum untergebracht, das eine der interessantesten Fossiliensammlungen Bayerns besitzt. Teil dieser Sammlung ist auch ein außergewöhnlich seltenes Exemplar des Archaeopteryx, das in dieser Region gefunden wurde.

Willibaldsburg zählte einst zu den prachtvollsten Schlössern Deutschlands, doch nach dem Dreißigjährigen Krieg wurde es weiter befestigt und zu einer Zitadelle umgebaut. Als die Zeiten friedlicher wurden und die Regierung zu Wohlstand kam, beschlossen die Fürstbischöfe von Eichstätt in der Stadt ein prächtiges Schloss zu errichten. So verließen sie ihren befestigten Wohnsitz und schenkten Eichstätt die hoch angesehene Residenz mit ihren bemerkenswerten Rokoko- und neoklassizistischen Sälen.

Napoleon niedergerissen, damit es nie mehr zur Verteidigung gegen ihn

ihrer historischen Hochzeit statt. Der fünfte Hof wird von einem langen

des offenen sechsten Hofes.

114–115 *Das Stadtbild von Burghau-*

114 oben *Um die Verteidigungskraft*

DIE WILLIBALDSBURG

120 *In der Willibaldsburg befindet sich das Jura-Museum, das ein lebendiges Bild des prähistorischen Lebens in dieser Region Bayerns vermittelt. Die große Fossiliensammlung von Funden aus der Umgebung beinhaltet unter anderem auch einen sehr großen Fisch (oben) und ein seltenes, vollständiges Exemplar des Urvogels Archaeopteryx (unten), der als Bindeglied zwischen Reptilien und Vögeln angesehen wird.*

120–121 *Der wehrhafte Charakter der Willibaldsburg machte die Festung zu einem uneinnehmbaren Bollwerk, von dem aus die tiefer gelegene Barockstadt Eichstätt, die Altmühl und die Handelsstraße verteidigt werden konnten. In ihrer Blütezeit zählte die Festung zu den prachtvollsten Schlössern Deutschlands.*

Eichstätt gilt als ein kleines Juwel barocker Baukunst und liegt im Herzen des Naturparks Altmühltal. Das Tal, das von der Altmühl durchflossen wird, bietet eine Fülle atemberaubender Landschaften und Baukunstwerke von unschätzbarem Wert. Über der Stadt erhebt eine der bedeutendsten Festungen des ganzen Tales. Im Jahr 1393 wurde die große Festungsanlage mit ihren eckigen Türmen im Auftrag von Bischof Berthold von Eichstätt auf einem steilen Bergrücken errichtet und bis 1780 als Bischofsresidenz genutzt.

1609 wurde der bekannte Baumeister Elias Holl, der auch das Augsburger Rathaus entworfen hatte, damit beauftragt den beeindruckenden Gemmingenbau zu errichten. In dem Fürstenbau ist heute das Jura-Museum untergebracht, das eine der interessantesten Fossiliensammlungen Bayerns besitzt. Teil dieser Sammlung ist auch ein außergewöhnlich seltenes Exemplar des Archaeopteryx, das in dieser Region gefunden wurde.

Willibaldsburg zählte einst zu den prachtvollsten Schlössern Deutschlands, doch nach dem Dreißigjährigen Krieg wurde es weiter befestigt und zu einer Zitadelle umgebaut. Als die Zeiten friedlicher wurden und die Regierung zu Wohlstand kam, beschlossen die Fürstbischöfe von Eichstätt in der Stadt ein prächtiges Schloss zu errichten. So verließen sie ihren befestigten Wohnsitz und schenkten Eichstätt die hoch angesehene Residenz mit ihren bemerkenswerten Rokoko- und neoklassizistischen Sälen.

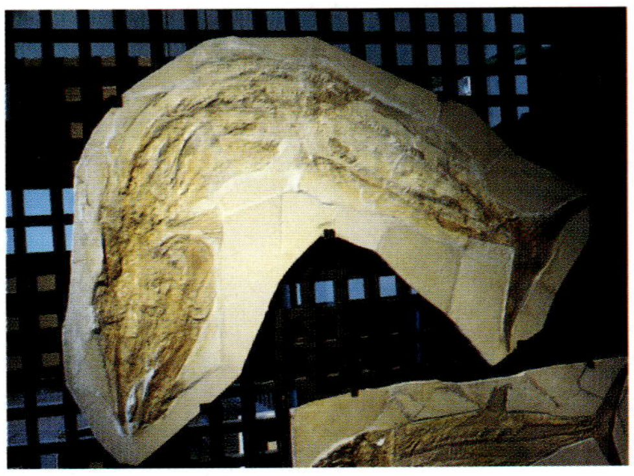

114–115 *Das Stadtbild von Burghausen ist von der vornehmen Architektur geprägt, die typisch ist für die Inn-Salzach-Region. Die Stadt liegt am Ufer der Salzach unter dem schützenden Blick ihrer gewaltigen Burg, die den einträglichen Salzhandel Burghausens über 300 Jahre sicher bewachte.*

114 oben *Um die Verteidigungskraft der Anlage zu stärken, war die Abschnittsburg in sechs einzelne Höfe aufgeteilt, die jeweils durch tiefe Gräben voneinander getrennt waren. Dies ermöglichte den Truppen und Bewohnern der Burg auch längeren Angriffen und Belagerungen standzuhalten.*

DIE BURG ÜBER BURGHAUSEN

„Dort liegt die verborgene Stadt", rief Napoleon, als er mit seinen Truppen die Salzach überquerte. Es war eine passende Bemerkung, bedenkt man die geschützte Lage der Stadt in ihrer Rolle als militärisch wichtiger Posten an der bayerisch-österreichischen Grenze. Das Stadtbild ist geprägt von den bunten Bauten, die für die Salzach-Inn-Region typisch sind. Die Hauptstraße der schönen Stadt schlängelt sich entlang der Salzach im Schatten der längsten Burg Europas – eine wahre Festung von 1030 Metern Länge.

Von der alten Burg aus dem Jahr 1090 finden sich keine Spuren mehr, doch die Grundmauern, die Keller von Herzog Heinrich XIII. und die innere Burgkapelle aus dem 13. Jahrhundert können im Haupthof noch heute bewundert werden.

Gegen Ende des 15. Jahrhunderts trieb die beständige Bedrohung durch die Türken zum Ausbau der Burg an, der schließlich mehr als zehn Jahre in Anspruch nahm. So kommt es, dass heute die meisten Gebäude aus der Zeit von 1480 bis 1490 stammen. Im Mittelalter waren die sechs Höfe, aus denen die Burg besteht, jeweils durch einen Graben, Zugbrücke und Tor voneinander getrennt. Nach Norden dehnt sich der Bergrücken aus Tuffstein, auf dem die Burg errichtet wurde, über 100 Meter aus und geht dann in eine tiefer gelegene Geländestufe über. Dies war die verwundbarste Stelle der Burg. Tatsächlich wurde dort das größte Gebäude, das den sechsten Hof nach Norden hin abgeschlossen hatte und als Getreidespeicher und Kaserne genutzt worden war, von Napoleon niedergerissen, damit es nie mehr zur Verteidigung gegen ihn dienen konnte. Kurz darauf gingen die meisten Bauten dieses Hofes, die heute auf einer großen Grünfläche stehen, in Privatbesitz über. Dies war auch das Schicksal der meisten anderen Gebäude der Burg und sie sind immer noch bewohnt. Obwohl die heutigen Bewohner den Besuch ihrer Häuser nicht erlauben, gewinnt man innerhalb der Burgmauern beim Gang von Hof zu Hof den unheimlichen Eindruck, dass hier die Vergangenheit noch lebendig ist. Bauten, die heute friedlichen Bürgern von Burghausen ein Heim bieten, dienten früher als Unterkünfte für Soldaten, Diener, Hofbeamte und ihre Familien. Im sechsten Hof verweisen die Namen der Gebäude auf die Aufgaben ihrer früheren Bewohner: Im Westen befinden sich die Gästequartiere, Forstmeister-, Gerichtsschreiber- und Benefiziatenturm – alle aus dem 14. Jahrhundert. Die runden Türme im Osten – Kanzler-Turm, Prechtl-Turm, Zimmermeisterturm und Röhrenkehrerturm – stammen aus dem 15. Jahrhundert. Die Rentschreiberei, die Werkstätten der Handwerker und ein Stall runden den Hof ab. Über eine Brücke, die allerdings nicht mehr original ist, erreicht man den fünften Hof. Im Osten liegt das Kastenamt und gleich dahinter die Hauptattraktion des fünften Hofes: die Äußere Schlosskapelle. Dieses Schmuckstück gotischer Baukunst wurde von Georg dem Reichen, Herzog von Landshut, und seiner Gemahlin Hedwig von Polen erbaut.

Zur Erinnerung an dieses herzogliche Paar findet in Landshut alle vier Jahre die berühmte Wiederholung ihrer historischen Hochzeit statt. Der fünfte Hof wird von einem langen

115 oben *Die Äußere Schlosskapelle ist die Attraktion des fünften Hofes. Mit ihrem spitzen Glockenturm ist sie ein Prachtstück gotischer Baukunst.*

115 unten *Dieser Uhrturm mit angegliedertem Brunnenhaus aus dem frühen 16. Jahrhundert steht in der Mitte der großen Grünfläche des offenen sechsten Hofes.*

116 links *Diese hölzerne Statue von St. Martin befindet sich in der Inneren Schlosskapelle des Haupthofes.*

116 rechts *Die herzoglichen Wohnräume der Hauptburg beherbergen zwei Museen: das Stadtmuseum mit seinen Terrakotta-Objekten, antiken Möbeln, Waffen, Uniformen und Volkstrachten und die Staatlichen Sammlungen, in denen Gemälde und Wandteppiche der bayerischen Staatsgemäldesammlung ausgestellt werden. Dieses Bild zeigt ein Schmuckrelief aus der Burg.*

Gebäude eingefasst, das im Jahr 1715 als Gefängnis errichtet wurde. Durch ein noch gut erhaltenes Tor gelangt man in den vierten Hof. Im Inneren links befindet sich der Folterturm, der durch einen gewölbten Gang mit dem Hexenturm, einem ehemaligen Gefängnisturm, verbunden ist.

Der um 1400 für Stallungen und Futtervorräte erbaute Lange Kasten oder Haberkasten wurde 1878 abgebrochen und 1960/61 als Jugendherberge wieder aufgebaut. Heute beherbergt er eine Theaterakademie. Dahinter schließt sich der Kornmesserturm an, die Wohnung des ehemaligen Magazin-Verwalters. Es ist eines der interessantesten Gebäude der Burg. Im Westen des Hofes befindet sich das Aventin-Haus mit seinem wunderschönen gotischen Treppengiebel.

Der dritte Hof beherbergte das Waffen- und Munitionslager, dessen unteres Stockwerk als Getreidespeicher genutzt wurde. Die umgebenden Festungsmauern sind mit Schwalbenschwanzzinnen – im Mittelalter auch als „Schwurfinger" bekannt – verziert. Das sehr gut erhaltene Georgstor schützte die beiden Haupthöfe, das Herz der Burg. Im zweiten Hof befindet sich der Brunnen, der Ofen, ein Stall für 100 Pferde und die Wohnungen der Marstaller und Fuhrknechte. Der Zugang zum ersten Hof führt über einen 8 Meter tiefen und 28 Meter breiten Graben und durch zwei Tore. Die verschiedenen Teile der Wohnburg, in der heute die Staatlichen Sammlungen und das Historische Stadtmuseum untergebracht sind, umschließen den Hof.

Über Jahrhunderte dienten die Burgmauern zur Verteidigung und manchmal auch als Gefängnis für die Herrscher ihrer Zeit. Sogar die berühmte (und unglückselige) Hedwig, die Protagonistin der bekannten Landshuter Hochzeit, starb hier nach vielen Jahren der Gefangenschaft. Als offizielle Begründung für ihre Verbannung wurde angegeben, dass sie ihrem Gemahl keine männlichen Erben geschenkt hatte. Andere Berichte aus jener Zeit behaupten jedoch, dass die Herzogin dabei erwischt wurde, wie sie beim Koch der Burg Trost suchte, nachdem ihr Gemahl immer häufiger abwesend und zudem untreu war.

116–117 *Diese Ansicht zeigt die ältesten Gebäudeteile der Burg, die in der Gotik entstanden. Auf der südlichsten Stelle des Bergrückens, dort, wo heute die Wohnburg steht, befand sich im 1. Jahrhundert v. Chr. bereits eine keltische Befestigungsanlage. Ihre heutige Gestalt nahm die Burg im Verlauf mehrerer Jahrhunderte an, doch die Innere Schlosskapelle und die Keller von 1200 können immer noch als Original bewundert werden.*

117 unten *Der Treppenaufgang im linken Flügel des ersten Hofes führt zum Dürnitz, einem spätgotischen Ess- und Aufenthaltsraum mit runden Bögen. Im ersten Stock befand sich der Tanzsaal des Gesindes.*

SCHLOSS HARBURG

118 oben links und 119 oben *Man betritt den Haupthof durch eine Reihe mittelalterlicher Wehranlagen. Der Hof ist umgeben von einigen interessanten Wirtschaftsgebäuden wie dem Kastenhaus, das als Getreidespeicher diente, und der Burgvogtei, die aus dem 16. Jahrhundert stammt. Der Diebsturm wurde im 12. Jahrhundert errichtet und ist das älteste Bauwerk dieser Wehranlage.*

118 unten links *Sieben Jahrhunderte Geschichte wurden innerhalb dieser Burgmauern geschrieben. Die schlicht ausgestatteten Räume mit den antiken Möbeln werden von wunderschönen Kassettendecken überspannt.*

118 oben rechts *Eingebettet in die sanfte Landschaft blickt die Wohnfestung der Grafen von Oettingen seit Jahrhunderten auf den ruhigen Fluss der Wörnitz.*

118–119 *Die hellen Mauern der Burg mit ihren Türmen und Spitzen stechen deutlich hervor aus dem kräftigen Grün des umgebenden Waldes und der anschließenden Hügel.*

Nahe der Romantischen Straße, im Norden von Bayerisch-Schwaben, wacht die Harburg über die gleichnamige Stadt mit ihren schönen Fachwerkhäusern. Die Burg scheint einem Märchen von Drachen und Rittern zu entstammen und die Türme und Spitzen der Anlage, die sich aus den umgebenden Wäldern erheben, erwecken die Vorstellung, dass die unbezwinglichen Mauern der Harburg eine schlafende Schönheit schützen. Die erste urkundliche Erwähnung der Burg stammt aus dem Jahr 1093; sie wurde erbaut, um die Kaiserstraße von Nördlingen nach Donauwörth zu verteidigen. 1295 wurde die Burg an die treuen Grafen – späteren Fürsten – von Oettingen verpfändet und ging 1407 endgültig in ihr Eigentum über (noch immer gehört sie deren Nachkommen).

Schloss Harburg – ein architektonisches Mischmasch, das sieben Jahrhunderte umfasst – zählt heute zu den besterhaltensten Anlagen dieser Art in Süddeutschland. Der Haupthof wird durch eine Reihe mittelalterlicher Wehranlagen betreten und ist von mehreren interessanten Wirtschaftsgebäuden umgeben. Dazu gehören das Kastenhaus, der alte Getreidespeicher, und die Burgvogtei, ein Herrenhaus aus dem 16. Jahrhundert, das in ein kleines malerisches Hotel-Restaurant verwandelt wurde. Das älteste noch erhaltene Bauwerk der Harburg ist der Diebsturm, er wird auf das 12. Jahrhundert zurückdatiert. Der Fürstenbau, ein Gebäude aus dem 16. Jahrhundert, beherbergt die wertvolle Kunstsammlung, die die Schlossherren über mehrere Jahrhunderte zusammengetragen haben.

DIE WILLIBALDSBURG

120 *In der Willibaldsburg befindet sich das Jura-Museum, das ein lebendiges Bild des prähistorischen Lebens in dieser Region Bayerns vermittelt. Die große Fossiliensammlung von Funden aus der Umgebung beinhaltet unter anderem auch einen sehr großen Fisch (oben) und ein seltenes, vollständiges Exemplar des Urvogels Archaeopteryx (unten), der als Bindeglied zwischen Reptilien und Vögeln angesehen wird.*

120–121 *Der wehrhafte Charakter der Willibaldsburg machte die Festung zu einem uneinnehmbaren Bollwerk, von dem aus die tiefer gelegene Barockstadt Eichstätt, die Altmühl und die Handelsstraße verteidigt werden konnten. In ihrer Blütezeit zählte die Festung zu den prachtvollsten Schlössern Deutschlands.*

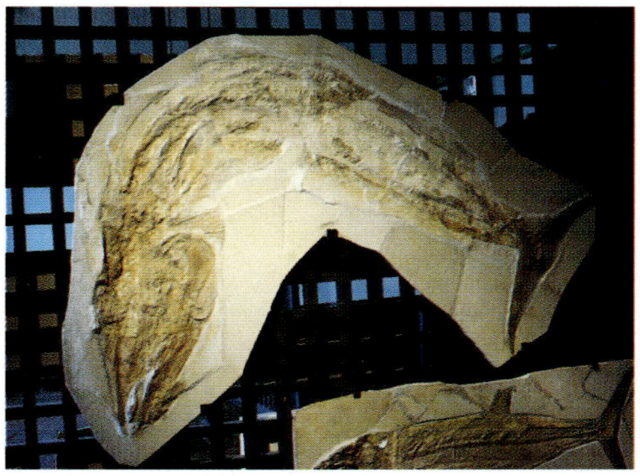

Eichstätt gilt als ein kleines Juwel barocker Baukunst und liegt im Herzen des Naturparks Altmühltal. Das Tal, das von der Altmühl durchflossen wird, bietet eine Fülle atemberaubender Landschaften und Baukunstwerke von unschätzbarem Wert. Über der Stadt erhebt eine der bedeutendsten Festungen des ganzen Tales. Im Jahr 1393 wurde die große Festungsanlage mit ihren eckigen Türmen im Auftrag von Bischof Berthold von Eichstätt auf einem steilen Bergrücken errichtet und bis 1780 als Bischofsresidenz genutzt.

1609 wurde der bekannte Baumeister Elias Holl, der auch das Augsburger Rathaus entworfen hatte, damit beauftragt den beeindruckenden Gemmingenbau zu errichten. In dem Fürstenbau ist heute das Jura-Museum untergebracht, das eine der interessantesten Fossiliensammlungen Bayerns besitzt. Teil dieser Sammlung ist auch ein außergewöhnlich seltenes Exemplar des Archaeopteryx, das in dieser Region gefunden wurde.

Willibaldsburg zählte einst zu den prachtvollsten Schlössern Deutschlands, doch nach dem Dreißigjährigen Krieg wurde es weiter befestigt und zu einer Zitadelle umgebaut. Als die Zeiten friedlicher wurden und die Regierung zu Wohlstand kam, beschlossen die Fürstbischöfe von Eichstätt in der Stadt ein prächtiges Schloss zu errichten. So verließen sie ihren befestigten Wohnsitz und schenkten Eichstätt die hoch angesehene Residenz mit ihren bemerkenswerten Rokoko- und neoklassizistischen Sälen.

121 oben *Schon von Ferne sieht man die herrliche Willibaldsburg, die sich aus der sanften Hügellandschaft des Altmühltales erhebt.*

Der englische Missionar Willibald war der erste Bischof von Eichstätt, das im Jahr 745 zum Bischofssitz wurde.

BURG PRUNN

122 oben links *Die schlichte kleine Kapelle wird durch die Stuckverzierungen an Decke und Wänden sowie durch einen eleganten hölzernen Altar geschmückt.*

122 oben rechts *Die Räume der Festung sind relativ karg eingerichtet, was auch darauf zurückzuführen ist, dass die Burg in jüngerer Vergangenheit als Jesuitenkolleg diente. Bemerkenswert sind jedoch die Verzierungen über den Türen sowie der Panoramablick über das Tal und den Fluss, der sich aus den Fenstern bietet.*

122–123 *Wie eine Verlängerung des Felsens, auf dem sie erbaut wurde, wirkt die Burg Prunn. Hinter ihren Mauern ruhte die erste Handschrift des Nibelungenliedes über zwei Jahrhunderte unentdeckt, bis sie bei Restaurationsarbeiten im Jahr 1575 zufällig zu Tage kam.*

Schon von Ferne kann man im Tal die Burg erblicken. Scheinbar aller menschlichen Vernunft zum Trotz wurde sie auf einem 70 Meter hohen Felsen errichtet, von wo sie über die Altmühl wacht und förmlich über dem Fluss zu schweben scheint.

Es ist schon verwunderlich, dass man vor nahezu 1000 Jahren in der Lage war, an eine scheinbar unerreichbare Stelle eine so massive und schöne Festung zu bauen, die den kriegerischen Angriffen und Zerstörungen der Zeit standhalten konnte. Unten aus dem Tal ist der Blick auf die Burg bereits wunderschön, doch wirklich atemberaubend ist das Panorama, das sich dem Betrachter aus den Fenstern und von den Schutzmauern der Burg bietet: das Altmühltal aus der Vogelperspektive. Über viele Kilometer kann der Blick ungetrübt dem sanften Verlauf der Altmühl folgen.

Historischen Urkunden ist zu entnehmen, dass die Burg Prunn im Jahr 1037 bereits bestand. In ihrer langen Geschichte hatte sie viele Herren, darunter auch das Adelsgeschlecht von Prunn, dem sie ihren Namen verdankt, die Herzöge von Bayern, das Jesuitenkolleg von Ingolstadt und schließlich – ab 1803 – den Staat Bayern.

Burg Prunn ist berühmt für ihren „Prunner Codex“, eine Handschrift, die ungefähr von 1300 stammt und zufällig entdeckt wurde, als die Inneneinrichtung der Festung im Renaissance-Stil restauriert werden sollte. Es ist eine Handschrift des ersten Nibelungenliedes, das Wagner später dazu anregte seinen „Ring der Nibelungen“ zu schreiben.

123 oben *Seit dem Jahr 1037, als die Burg auf dem steilen Kalksteinfelsen zum ersten Mal urkundlich erwähnt wurde, haben sich viele Adlige darum bemüht, sie in ihren Besitz zu bringen. Zu diesen zählte auch die Adelsfamilie von Prunn, deren Name die Burg noch heute trägt.*

123 unten *Die beeindruckende Festung steht absturzgefährdet auf einem 70 Meter hohen Felsen über dem Altmühltal und ist dennoch heute ein perfekt erhaltenes Beispiel einer mittelalterlichen Burg.*

DIE BURG VON NÜRNBERG

***124** Hoch über den Dächern Nürnbergs ist die imposante Burganlage der Stadt schon von Weitem zu sehen. Angeregt durch die historische Bedeutung der Stadt entschloss sich Hitler Nürnberg zur „Stadt der Reichsparteitage“ zu machen. Und dafür musste die Stadt teuer bezahlen, denn am 2. Januar 1945 fielen 90 Prozent des historischen Stadtzentrums, das als eines der schönsten in Deutschland galt, einem einzigen Bombenangriff zum Opfer.*

Nürnberg ist die zweitgrößte Stadt Bayerns und die „heimliche Hauptstadt“ Frankens. Aufgrund ihrer Schlüsselposition am Kreuzungspunkt vieler bedeutender Handelsstraßen erreichte die Stadt im Mittelalter ihre wirtschaftliche Blütezeit. Im Jahr 1356 verfügte Kaiser Karl IV. in der „Goldenen Bulle“, einem Reichsgesetz, dass jeder neu gewählte deutsche König seinen ersten Reichstag in Nürnberg abhalten sollte. Zeitgleich mit der Entdeckung Amerikas nahm die wirtschaftliche Bedeutung Nürnbergs ab. Doch bereits im 17. Jahrhundert war die Stadt für ihre Malerei und Bildhauerkunst gleichermaßen berühmt.

Die besondere Stellung Nürnbergs blieb in den Köpfen vieler deutscher Bürger über Jahrhunderte erhalten, sodass sogar Hitler Nürnberg zur „Stadt der Reichsparteitage“ auserkor. Nach dem Krieg erkannten auch die Siegermächte die symbolische Bedeutung der Stadt und wählten sie zum Schauplatz der Nürnberger Prozesse.

Ihre unverwechselbare Silhouette erhält Nürnberg durch die Burg, die oben auf einem Felshügel am Rande der Altstadt steht. Im Laufe der Jahrhunderte entstanden die etwas eigenwillig angelegten Gebäude, aus denen sich die Burg zusammensetzt – tatsächlich sind es zwei Burgen, die miteinander verbunden wurden. Am östlichen Rand des Felshügels befindet sich die Burggrafenburg, die im 12. Jahrhundert in den Besitz der Zollern (späteren Hohenzollern) überging. Die Burggrafen lagen jedoch im Streit mit den Nürnbergern, die die Kaiserburg, die zweite Burg auf dem Felshügel, besetzt hielten. Dieser Streit dauerte schier endlos und die gröbste Beleidigung gegen die Burggrafen bestand darin, dass die Nürnberger einen befestigten Turm – den Luginslandturm – direkt vor der Burggrafenburg errichteten. Während der Burggraf auf Reisen war, wurde der Turm in nur fünf Monaten fertig gestellt; er diente dazu, die Burggrafenburg auszuspionieren. 1427 verloren die Zollern schließlich das Interesse an der mittlerweile zur Ruine verbrannten Burggrafenburg und verkauften sie an die Stadt.

Die erste Burg auf dem Burgfelsen wurde unter König Heinrich III. im Jahr 1050 errichtet. Ungefähr in der Mitte des 12. Jahrhunderts ließ Kaiser Konrad III. die Kaiserburg erbauen, die um 1200 von Friedrich I. Barbarossa erweitert und zur Kaiserpfalz

124–125 *Die Stadt Nürnberg fand 1050 erstmals als „Norenberc" urkundliche Erwähnung. 1219 wurde Nürnberg zur freien Reichsstadt erhoben und hielt diesen Status bis 1806. Es fanden zahlreiche Reichstage in Nürnberg statt.*

125 oben *Dieses Bild aus dem Jahr 1492 zeigt Nürnberg umgeben von der Stadtmauer (die noch fast vollständig erhalten ist) und gekrönt von der Burg. Unterhalb der Burg sind die hohen Türme der Kirchen St. Sebald und St. Lorenz zu erkennen. Diese Kirchen zählen noch heute zu den bedeutendsten Bauwerken der Stadt.*

126 Die romanische Doppelkapelle aus dem 12. Jahrhundert ist das außergewöhnlichste Baukunstwerk der Burg. Die mächtigen Sandsteinsäulen der Unterkapelle bilden einen deutlichen Gegensatz zu den schlanken Säulen der oberen Kaiserkapelle, deren Deckengewölbe fast schwerelos wirken.

ausgebaut wurde. Die Kaiserburg befindet sich auf dem westlichen Abschnitt des Burgfelsens und bildet heute den beeindruckendsten Teil der ganzen Burganlage.
Das mittelalterliche Deutsche Reich hatte keine Hauptstadt, deshalb zogen die Kaiser und ihr Gefolge von einer Pfalz zur nächsten. Die große Bedeutung, die dabei der Burg in Nürnberg zukam, kann man leicht ermessen, wenn man bedenkt, dass sich von 1050 bis 1571 alle deutschen Kaiser dort aufgehalten haben. Allerdings blieb keiner von ihnen für lange Zeit. So erklärt sich auch die Tatsache, dass das Innere der Burg eher kahl wirkt und so aussieht, als sei es seiner Einrichtung beraubt worden. Dies war aber nicht die Folge eines Brandes oder einer Kriegsbelagerung, sondern die normale Ausstattung, wenn kein Kaiser mit Gefolge anwesend war. Tatsächlich verliehen die gewitzten und sparsamen Bürger Nürnbergs ihre schönsten Möbel und Einrichtungsgegenstände an die Burg, wenn ein Besuch des Kaisers angekündigt war. Und sobald dieser die Burg verlassen hatte, trugen die Besitzer alles wieder heim.
Der Innenhof der Kaiserburg wird von einem langen gotischen Palasbau umschlossen, der die Wohnräume und Prunksäle des Kaisers beherbergt. Im Vorhof der Kaiserburg befindet sich eine schöne zweistöckige Kapelle, deren oberes Stockwerk dem Adel vorbehalten war, während das Untergeschoss den Bediensteten offen stand. Beherrscht wird der Vorhof von dem mächtigen Sinwellturm und mitten im Hof steht das Brunnenhaus mit dem Tiefen Brunnen. Dieser Brunnen ist 50 Meter tief und versorgte die Burg schon im 12. Jahrhundert mit Wasser. Das älteste Bauwerk der Burg ist der Fünfeckturm, der als einziger Bestandteil der ursprünglichen Festung erhalten geblieben ist und sich den östlichen Abschnitt des Burgfelsens mit dem gewaltigen Luginslandturm teilt. Nachdem die Zollern vertrieben worden waren, verknüpften die Bürger die beiden Türme durch die gotische Kaiserstallung, die ehemals als Getreidespeicher und Stallung diente und heute als Jugendherberge genutzt wird.

126–127 *Blick auf den Tiergärtnertorplatz unterhalb des Palas der Kaiserburg. Auf diesem Platz steht auch das Wohnhaus von Albrecht Dürer (Dürerhaus), in dem heute ein Museum untergebracht ist.*

127 oben *Dieses Bild zeigt den Vorhof der Kaiserburg mit dem Brunnenhaus in der Mitte. Zwei Fachwerkhäuser aus dem 15. und 16. Jahrhundert bilden die Nordostecke des Vorhofes. Der untere Teil des mächtigen Sinwelltturmes stammt aus dem 12. Jahrhundert, während der obere Aufbau erst 1560 entstand.*

FESTE MARIENBERG

An der Stelle, an der schon um 1000 v. Chr. die Kelten eine Ringmauer errichtet hatten, steht heute die Feste Marienberg und blickt von oben über die Stadt Würzburg und den Main. Die Marienkirche, die sich innerhalb der Festungsmauern befindet, stammt aus dem 8. Jahrhundert und zählt damit zu den ältesten Kirchen Deutschlands. Mit dem Bau einer großen Burg auf dem Marienberg wurde im 13. Jahrhundert begonnen. Sie diente von 1253 bis 1720 als Residenz der Würzburger Fürstbischöfe. Durch die Fertigstellung mehrerer Verteidigungsanlagen unter Bischof Rudolf von Scherenberg (1466–1495) entwickelte sich aus der Burg eine sichere Festung. Ihre heutige Gestalt erhielt die Feste Marienberg durch Umbauten, die auf Anordnung von Bischof Julius Echter von Mespelbrunn (1573–1617) ausgeführt wurden.
Im Zeughaus der Festung ist das Mainfränkische Museum, eine Sammlung fränkischer Kunstwerke, untergebracht. Es zeigt unter anderem eine Reihe exzellenter Holzplastiken des berühmten Tilman Riemenschneider. Dieser war einer der größten Bildhauer und Bildschnitzer Deutschlands, er lebte von 1483 bis 1531 in Würzburg und wurde während des Bauernkrieges im Randersackerer Turm auf der Feste gefangen gehalten und gefoltert. Im Eingangsbereich des Museums befindet sich eine interessante Gemäldegalerie mit Porträts der Würzburger Kurfürsten. Darunter ist auch ein Bild von Johann Philipp von Schönborn, der für den Bau der Würzburger Residenz verantwortlich war.

128 oben *Der Graben, der die Feste einst umgab, ist heute in eine schöne Grünanlage verwandelt, in der im Sommer Freiluftveranstaltungen stattfinden. Im Bildhintergrund taucht die barocke Zwiebelkuppel des Kilianiturms auf.*

128 Mitte *Die großen Weinpressen im alten Teil des Zeughauses sind ein Zeugnis der langen Weinbaugeschichte dieser Region.*

128 unten *Das Mainfränkische Museum, das im ehemaligen Zeughaus und in der Echter-Bastion untergebracht ist, bietet einen tiefen Einblick in 2000 Jahre Heimatkunde. Zu den teilweise einzigartigen und sehr unterschiedlichen Ausstellungsstücken gehören z. B. die Schwerter und Waffen der Waffenkammer, bekannte Gemälde lokaler Künstler sowie Plastiken von Tilman Riemenschneider.*

128–129 *Auf einem Weinberg hoch über dem Main steht die Festung Marienberg – ein bedeutendes architektonisches Beispiel für Verteidigungsanlagen – und wacht über die Stadt Würzburg.*

129 oben *Die romanische Marienkirche ist das älteste Bauwerk auf dem Marienberg. Sie wurde bereits im 8. Jahrhundert erbaut und der Jungfrau Maria geweiht. Die Festungsanlage um die Kirche wurde dagegen erst später errichtet.*

130 oben links *Dieses Bild verdeutlicht die Verteidigungsstärke der Festung. Unterhalb der hohen Schildmauer der Veste Coburg ist eine der beiden Ringmauern mit ihren mächtigen Wachtürmen zu sehen.*

130 oben *Die Veste Coburg ist eine der größten deutschen Burgen. Das beeindruckende Oval ihrer äußeren Ringmauer hat die Ausmaße 200 x 80 Meter. Aufgrund der zahlreichen Wachtürme in den Mauern wird die Veste auch „Fränkische Krone" genannt.*

VESTE COBURG

130–131 *Der dem inneren Burghof zugewandte Fürstenbau stammt aus dem 16. Jahrhundert. Bei Restaurierungsmaßnahmen zwischen 1906 und 1920 erhielt das Gebäude seine heutige Fachwerkfassade im fränkischen Stil.*

131 oben *Der Eingang zur Veste befindet sich auf der Ostseite: Eine steinerne Brücke aus dem 19. Jahrhundert führt zu einem barocken Prunkportal von 1671. Das Tor dahinter bildet den Zugang zur ersten Ringmauer. Es wird überragt von einem Torturm, der 1911 durch Zar Ferdinand von Bulgarien aus dem Hause Sachsen-Coburg in dieser Form gestaltet wurde.*

131 unten *Die dicken Mauern des zweiten Walls sind die letzte Verteidigungsbastion und umschließen den Innenhof der Burg vollständig. Den Hof bilden verschiedene Wohn- und Wirtschaftsgebäude.*

Die Veste Coburg zählt zu den schönsten Festungen Europas. Sie steht auf einem Dolomitfelsen über der Stadt Coburg und an ihre äußerste Ringmauer grenzt der Hofgarten von Schloss Ehrenburg. Die zahlreichen Wachtürme und Giebeldächer der Ringmauern wirken von Weitem wie die Zacken einer Krone, deshalb wird die Anlage in Bayern auch die „Fränkische Krone“ genannt.

Die Stadt Coburg liegt im äußersten Norden des Frankenlandes und fiel in den Herrschaftsbereich der Herzöge von Sachsen-Coburg-Gotha, bis sich die Bürger 1920 durch einen Volksentscheid zum Anschluss an Oberfranken und damit Bayern entschlossen. Die Festung hat eine 750-jährige Geschichte vorzuweisen. Ab 1353 war sie im Besitz des Wettiner Adelsgeschlechts, der Herrscher von Sachsen und Thüringen, die sie im 16. Jahrhundert zu einem ihrer Hauptsitze ausbauten. Die Nachkommen der Wettiner, die Herzöge von Coburg, nutzten die Veste bis 1918 als Residenz.

Zwischen dem 14. und 16. Jahrhundert entstanden die ältesten gotischen Bauten der Anlage zusammen mit dem der ersten Ringmauer. Im 16. Jahrhundert wurde die Burg zur Landesfestung ausgebaut und Lucas Cranach der Ältere, der häufig Gast auf der Veste Coburg war, unterstützte ihre Verwandlung in eine fürstliche Residenz. Die äußeren Bastionen wurden in den beiden folgenden Jahrhunderten hinzugefügt.

Auf der linken Seite des freundlich angelegten Burghofes befindet sich die Steinerne Kemenate. Sie beherbergt eine umfangreiche Kunstsammlung mit Werken von Cranach, Dürer, Schongauer und Rembrandt. Teil dieses Gebäudes ist auch das Jagdzimmer, dessen Wandvertäfelung aus dem Jahr 1632 mit ungewöhnlichen Intarsien und Schnitzereien verziert ist und als eine der gelungensten Arbeiten dieser Art gilt.

Im Jahr 1530 zog sich Martin Luther auf die Veste Coburg zurück und wandelte dort durch den stillen Hofgarten, während in Augsburg der Reichstag über das Augsburgische Bekenntnis beriet.

132 *Zu Beginn des 16. Jahrhunderts war Lucas Cranach der Ältere häufig Gast auf der Veste Coburg. Dieses Bild zeigt eines seiner Gemälde: ein Porträt von Kurfürst Johann dem Beständigen.*

132–133 *Die Räume des Fürstenbaus sind mit Renaissance- und Barockmöbeln eingerichtet.*

133 oben *Zu den bedeutendsten Räumen auf der Veste Coburg zählt das Luther-Zimmer, in dem Martin Luther bei seinem Aufenthalt im Jahr 1530 wohnte. An einer der Wände hängt ein bekanntes Porträt des Reformators, das von Lucas Cranach d. Ä. gemalt wurde.*

133 Mitte *Im Erdgeschoss des Herzoginbaus wird eine Kutschen- und Schlittensammlung ausgestellt. Besonders bemerkenswert sind hier die Hochzeitskutschen aus dem 16. Jahrhundert.*

133 unten *Eine umfangreiche Sammlung an Jagd- und Schützenwaffen kann in der Rüstkammer bestaunt werden.*

136 *Schloss Nymphenburg ist rundum von Parkanlagen umgeben. Die komplette Stirnseite der Hauptgebäude ist so angelegt, dass sie Zugang zu den hinteren Parkanlagen bietet: Die Verbindungsgalerien zu den Seitenflügeln haben Durchgänge und sogar der alte Zentralbau bot im Parterre breite Durchfahrtmöglichkeiten für Kutschen. Durch diese Konzeption unterscheidet sich Nymphenburg deutlich von anderen komplexen Schlossanlagen, wie z. B. Versailles.*

REGISTER

Die mit „b" gekennzeichneten Seitenzahlen verweisen auf Bildunterschriften.

A

Adelaide von Savoyen 80, 80b
Albert, Prinz von Sachsen-Coburg-Gotha 109, 109b
Albrecht V. von Bayern 68, 69b
Albrecht, Herzog von Coburg 109, 109b
Allerheiligen Hofkirche (München) 32b
Allgäu 8b, 64b, 118
Altmühl 10b, 120, 120b, 123
Altmühltal 110b, 120, 121b, 123, 123b
Amalie von Bayern 80, 84b
Amigoni, Jacopo 73, 84b
Ansbacher Residenz 88–89
Ansbach-Bayreuth 88
Asam, Cosmas-Damian 73
Aschaffenburg 107
Attila 32b, 38b
Augsburger Rathaus 120
Augsburger Reichstag 131

B

Baden-Württemberg 88
Bajuwaren 8
Bamberg 10b, 103, 111b
Barelli, Agostino 80
Barock 64, 66, 88, 104, 120
Bauernkrieg 128
Bayerischer Barock 10
Bayerisch-Schwaben 18
Bayreuther Eremitage 104–105
Bayreuth 104
Beatrice von Burgund 98b
Beer, Michael 64b
Behringer, Ludwig 60b
Berg (Schloss) 23, 24
Bonaparte, Napoleon 91, 115
Bornhause 62b
Bossi, Antonio 93, 96b, 98b, 99b, 100b
Bourbonen 18, 40b
Bundesrepublik Deutschland 8
Bureau du Roi 62b
Burghausen 114b, 115
Burghausen (Burg) 11b, 115–117

C

Capri 44b
Carlone, Carlo Innocenzo 88, 89b
Carlone, Diego 88, 89b
Chiemsee 20b, 40, 52b, 53
Choisy-le-Roi 40b
Coburg 109, 131
Coburgerland 109
Cranach der Ältere, Lucas 131, 132b, 133b
Cuvilliés, Francois de 49b, 66, 68, 68b, 73, 80b, 82, 82b, 84b

D

De la Paix, Joseph 47b
deutsche Renaissance 107
deutsches Rokoko 68
Deutschland 8, 9b, 10, 11b, 23, 64, 64b, 73, 91, 93, 104b, 107, 109, 118, 120, 124b, 128, 130b
Donau 64b, 111b
Diebitsch, Karl von 44b
Dientzenhofer, Leonhard 103, 103b
Dietrich, Joachim 82
Disney, Walt 24
Dollmann, Georg 47b, 53, 54, 54b
Donauwörth 118
Dreißigjähriger Krieg 8, 64, 66, 91, 109, 120
Dürer, Albrecht 127b, 131

E

Effner, Joseph 68b, 73, 80, 80b, 82b, 84b
Effner, Karl von 40b
Ehrenburg (Schloss) 108–109, 131
Eichstätt 120, 120b, 121b
Eichstätter Residenz 120
Eisenach 28b
Eisenstraße 110
Elisabeth von Wittelsbach, Kaiserin von Österreich (Sissi) 20, 23, 87b
England 104, 109
Ernst I. von Sachsen-Coburg 109

F

Fafnir 38b
Ferdinand María von Wittelsbach 80, 80b
Ferdinand von Bulgarien, Zar 131b
Fontainebleau 58b
Fränkische Krone siehe Veste Coburg
Franken 88, 93, 98b, 104, 110b, 124, 130b, 131, 131b
Frankreich 8, 42b
Friedrich der Große 104, 105b
Friedrich I. Barbarossa, Kaiser 98b, 126
Friedrich Wilhelm I. 104
Friedrich Markgraf von Bayreuth 104
Füssen 29b, 111b

G

Gabrieli, Gabriel 88, 88b
Garmisch-Partenkirchen 23b
Gebsattel, Johann Philipp von 103
Gemmingenbau 120
Georg der Reiche, Herzog von Landshut 115b, 116
Georg Wilhelm, Markgraf von Bayreuth 104, 105b
Girard, Dominique 73
Graswangtal 8b, 40
Gripyn 38b
Grünewald, Matthias 90b
Gudrun 32b, 38b
Gumbert, St. 88
Gustav Adolf, König von Schweden 66

H

Harburg (Schloss)118–119
Hauschild, Wilhelm 38b
Hauser, Kaspar 88
Hedwig von Polen 115b, 116
Heilige Elisabeth 110b
Heiliger Gral 8b, 24, 24b, 34b
Heiliges Römisches Reich 107, 126
Heinrich II. 111b
Heinrich XIII. Herzog von Niederbayern 115
Herrenchiemsee (Schloss) 2b, 9b, 18b, 20b, 23, 28, 40, 47b, 50–63
Herreninsel 52b
Herzoginbau 133b
Hildebrandt, Lukas von 91b
Hinterhohenschwangau (Feste - Ruine) 24
Hitler, Adolf 124, 124b
Hörselberg 44b
Hofmann, Julius 54
Hohenschwangau (Schloss) 18, 18b, 24
Hohenzollern 88
Hohes Schloss 111b
Holl, Elias 120
Holnstein, Caroline von 82b

I

Ilz 111b
Inn 111b
Inn-Salzach 114b, 115
Isolde 36b

J

Jesuitenkolleg von Ingolstadt 123
Johann Ernst von Sachsen-Coburg-Gotha 109
Johann der Beständige, Kurfürst 132b
Johannisburg (Schloss) 107
Jörres 62b
Juncker, Hans 106b

K

Karl IV., Kaiser 124
Karl Albrecht VII. von Wittelsbach 80, 80b
Karl Wilhelm Friedrich, Markgraf von Ansbach 89b
Kelten 8, 128
Kemptener Residenz 64b
Kempten 64b
Klenze, Leo von 66b
Klingsor 31
Konrad III., Kaiser 124
Kronberg, Johann Schweikard von 107

L

Landshut 115, 116
Lenbach, Franz von 18b
Linderhof (Schloss) 8b, 21b, 23, 40–49, 54b
Louvre 62b, 88
Lucchese, Bartolomeo 109b
Lucchese, Carlo Domenico 109b

Ludwig I. von Wittelsbach 18, 28, 42b, 66, 82, 82b
Ludwig II. von Wittelsbach 2b, 8b, 10, 18–23, 24, 28, 28b, 36b, 40, 40b, 42b, 44b, 47b, 48b, 53, 54, 54b, 58b, 60b, 62b, 82, 82b, 87b
Ludwig XIV. (Sonnenkönig) 9b, 18, 40, 42b, 53, 54b, 60b, 62b, 79b, 104
Ludwig XV. 53
Luther, Martin 131

M

Main 91, 107, 107b, 128, 128b
Mainz 91b, 103, 107, 107b
Maria Antonia von Bayern 73, 73b
Maria Theresia Kaiserin von Österreich 99b
Maria von Preußen 82b
Marie von Wittelsbach 18
Marienberg (Feste) 91, 91b, 92b, 128–129
Markgräfliches Opernhaus 104
Markgraf von Kulmbach 107
Markgrafen von Brandenburg-Ansbach 88
Maximilian I. von Wittelsbach 66, 68, 73, 73b
Maximilian II. Emanuel von Wittelsbach 18, 18b, 28, 68b, 73, 73b, 80, 80b, 82b
Maximilian III. Joseph von Wittelsbach 82, 82b
Max Joseph I. von Wittelsbach 82b
Max-Joseph-Denkmal 67b
Max-Joseph-Platz (München) 66, 66b
Meißen 47b, 54b, 58b
Meißner-Porzellansammlung 73
Mespelbrunn (Wasserschloss) 10b
Mespelbrunn, Julius Echter von 128
Mittelalter 64, 110, 116, 124
Montez, Lola 18, 82, 82b
Mozart, Wolfgang Amadeus 92b, 93
München 18, 20b, 32b, 53, 54, 66, 73, 80
Münchner Residenz 47b, 49b, 66–72

N

Napoleon III. 4b
Neuburg 10b
Neuburg (Schloss) 64b
Neue Residenz von Bamberg 65b, 103
Neuhaus a. d. Pegnitz 111b
Neumann, Balthasar 91, 91b, 93, 103b
Neuschwanstein (Schloss) 2b, 8b, 18b, 21b, 23, 24–39, 42
Nibelungen 38b, 42
Nibelungensage 122b
Nördlingen 118
Norenberc, siehe Nürnberg
Nürnberg (Burg) 124–127
Nürnberg 11b, 88, 103, 103b, 110b, 124, 124b, 125b, 126
Nymphenburg (Schloss) 10b, 18, 20, 40b, 74b, 80–87, 133b
Nymphenburg, Porzellan-Manufaktur 80

O

Oberfranken 109, 131
Oberhaus (Veste) 111b
Oberschleißheim 73
Oettingen, Grafen von 118, 118b
Österreich, Sophie von 82b
Ottheinrich, Pfalzgraf 64b
Otto von Wittelsbach 67b

P

Paris 69b, 109
Parzival31b
Pechmann, Heinrich von 47b
Pommersfelden 65b
Pottenstein (Burg) 110b
Protestantismus 10
Prunn (Burg) 10b, 122–123
Prunner Codex 123

R

Racine 104
Reformation 8
Regin 38b
Rembrandt 131
Renaissance 10, 64, 66
Residenzstraße (München) 66
Retti, Leopoldo 88, 88b, 89b
Riedenburg 110b
Ridinger, Georg 107
Riemenschneider, Tilman 90b, 118, 128, 128b
Rokoko 64, 66, 88
Römer 110
Rom 103
Romantische Straße 118
Rosenburg 110
Roter Ritter 31b
Rovereto 88

S

Sachs, Hans 36b
Sachsen 131
Sachsen-Coburg-Gotha, von (Adelsgeschlecht) 109, 109b, 131
Salzach 114b, 115
Salzstraße 110
Schachen (Jagdschloss) 23b
Scherenberg, Rudolf von 128
Schleißheim (Schloss) 73–79, 84b
Schlossplatz (Coburg) 109
Schön, Heinrich 73
Schönborn, von (Adelsgeschlecht) 10b, 91
Schönborn, Johann Philipp von 91, 92b, 128
Schönborn, Lothar Franz von 103, 103b
Schwanenritter Lohengrin 24, 34b
Sckell, Friedrich Ludwig von 84b
Sedelmayer, Helene 82b
Serro, Johan 64b
Sèvres-Porzellan 20b, 48b
Siegfried 34b, 38b
Sigurd 32b, 38b
Sonnentempel 104
Sophie von Wittelsbach 20, 87b
Spanischer Erbfolgekrieg 73
Spanischer Erbfolgekrieg, Zweiter 103b
Spencer, Lady Theresa 82b
Spessart 107
St. Lorenz (Dom/Kempten) 64b
St. Lorenz (Nürnberg) 125b
St. Ludwig von Frankreich 36b
St. Sebald (Nürnberg) 125b
Starnberger See 23
Steidl, Melchior 103, 103b
Steigerwald 65b
Stieler, Josef 82, 82b
Strada, Jacopo 68, 69b

T

Thallmaier, Franz X. 18b
Thüringen 110b, 131
Thüringer Wald 109
Tiepolo, Gian Battista 93, 93b, 96b, 98b
Tietz, Ferdinand 103, 103b
Tristan 36b
Türken 115

V

Veldenstein (Burg) 111b
Veldensteiner Wald 111b
Venedig 68b
Verlaine, Paul 23
Versailles 18, 20b, 40, 52b, 53, 53b, 54, 54b, 88, 88b
Veste Coburg 130–133
Vicentino, Andrea 68b
Viktoria, Königin von England 109, 109b
Vipiteno 60b
Vogelweide, Walther von der 36b
Voltaire 104

W

Wagner, Peter 93b
Wagner, Richard 18, 18b, 24, 28, 28b, 42, 44b, 123
Wartburg 24b, 28b
Weißenstein (Schloss) 65b
Welsch, Maximilian von 91b
Weltkrieg, Zweiter 8, 10, 66, 73, 91, 96b
Wettiner (Adelsgeschlecht) 131
Wezlar, Johann Casper 88b
Wien 91b
Wilhelm V. von Bayern 66b, 68, 73, 73b
Wilhelmine von Hohenzollern, Markgräfin von Bayreuth 104, 105b
Willibald 121b
Willibaldsburg 120–122
Wittelsbacher (Adelsgeschlecht) 10, 10b, 18b, 66, 66b, 68, 68b, 73, 80, 87b, 123
Wörnitz 118b
Wolff der Ältere, Jakob 103, 103b
Würzburg 10b, 98b, 128, 128b
Würzburger Residenz 10b, 65b, 91–102, 128

Z

Zick, Johann 100b
Zimmermann, Johann Baptist 68, 68b, 73, 82, 82b, 84b
Zollern (Adelsgeschlecht) 124, 126
Zollern, Graf Friedrich von 124
Zuccalli, Enrico 73, 73b, 80
Zwitzel, Simon 69b

BILDNACHWEIS

Antonio Attini / Archivio White Star: Seite 66 unten, 70-71.
Marcello Bertinetti / Archivio White Star: Seite 13 Mitte unten, 18 oben, 24 oben, 136.
Giulio Veggi / Archivio White Star: Seite 47 oben.
Felipe Alcoceba: Seite 65 oben.
AKG Photo: Seite 91 oben, 117 unten, 125 oben, 132.
Toma Babovic / Das Photoarchiv: Seite 133 oben.
Bayerische Verwaltung der Staatlichen Schlösser: Seite 88 unten, 89 oben, 103, 104-105, 105 oben, 106 oben links, 107 oben, 108-109, 109, 115, 116, 120, 122 oben rechts.
Achim Bunz / R. Anzenberger / Ag. Franca Speranza: Seite 3-6, 8 unten, 12 oben, 14-15, 20 unten, 23, 24 unten, 29 oben, 30-31, 31 Mitte, 31 unten, 32, 33, 34, 35, 36 oben, 36 unten, 37, 40 oben rechts, 42 Mitte, 44 oben links, 44 unten, 45, 46-47, 47 unten, 48, 48-49, 49 unten, 50-51, 54, 55, 56-57, 58 unten links, 58 rechts, 58-59, 60 unten links, 60 unten rechts, 61, 62, 62-63, 67 oben, 68 oben, 68 unten, 68-69, 69 oben, 72 oben rechts, 73, 74, 75-78, 79, 83 oben links, 87 oben rechts, 87 unten rechts.
Stefano Cellai: Seite 41, 42 unten, 42-43, 43 oben.
Giovanni Dagli Orti: Seite 18 Mitte, 19, 38, 39, 60 oben links.
Eckhardt / Bildagentur Schuster: Seite 131 oben.
Boris Gradnik: Seite 1, 30 links, 82, 82-83.
Hackenberg / Zefa: Seite 119 oben.
Schloß Harburg: Seite 118 Mitte unten.
Hrdlicka / Zefa: Seite 66 oben.
Huber / World Images / Sime: Seite 52-53.
Bildagentur Hubert / Sime: Seite 8-9, 9 oben, 10 oben links, 10 Mitte links, 10 unten links, 16-17, 20 oben, 22 oben, 22-23, 31 oben, 36 Mitte, 40 unten rechts, 44 oben rechts, 49 oben, 53, 58 oben links, 60 oben rechts, 64, 64-65, 66-67, 72-73, 80 Mitte, 83 oben rechts, 86 oben links, 87 Mitte rechts, 88-89, 92 oben, 92-93, 94-95, 96, 97, 98, 99, 100, 101, 102-103, 106-107, 110 oben, 116-117, 118 oben, 120-121, 122-123, 123 oben, 126-127, 127 oben, 128 oben, 130 oben rechts.
Kalt / Zefa: Seite 13 Mitte oben.
Kongress Und Touristik Betriebe: Seite 106 oben rechts.
Kotoh / Zefa: Seite 80-81.
Koserowsky / Bildagentur Schuster: Seite 129 oben.
Pat Lam / Bildagentur Schuster: Seite 128-129.
Peter Jos Van Limbergen / Bildagentur Schuster: Seite 124.
Dieter Maier: Seite 68 Mitte, 72 oben links, 107 unten.
Sergio Pitamitz / Focus Team: Seite 28, 40 unten links.
Andreas Riedmiller / Das Photoarchiv: Seite 84-85, 114 oben, 122 oben links.
Schmid / Bildagentur Schuster: Seite 124-125.
Schmid / World Images / Sime: Seite 18 unten, 52 oben.
Gregor M. Schmied: Seite 13 unten rechts, 66 Mitte, 81 oben, 84 Mitte, 86 oben rechts, 86-87, 102 oben, 108 oben rechts, 118-119, 130-131.
Giovanni Simeone / Sime: Seite 8 oben, 13 oben, 13 sfondo, 21 oben, 20-21, 25, 26-27, 28-29, 112-113.
M.E. Smith / Ag. Franca Speranza: Seite 40 oben links.
Bildarchiv Steffens: Seite 10 oben rechts, 10-11, 11 oben, 13 unten links, 84 oben, 110 unten, 110-111, 111 oben, 114-115, 123 unten, 130 oben links.
Siegried Tauqueur / Ag. Franca Speranza: Seite 87 oben links.
Paul Trummer: Seite 90, 90-91, 91 unten, 93, 104, 108 oben links, 128 Mitte unten, 132-133, 133 links.
Tschanz / Hofmann / Bavaria / Marka: Seite 131 unten.
Waldkirch / Bildagentur Schuster: Seite 84 unten, 121 oben.

Karte von Betty Vandone